Aktiv gegen Demenz – Fit und selbstständig bis ins hohe Alter mit dem SimA® Gedächtnis- und Psychomotoriktraining

Wolf D. Oswald

Aktiv gegen Demenz

Fit und selbstständig bis ins hohe Alter mit dem SimA® Gedächtnis- und Psychomotoriktraining

2., überarbeitete und erweiterte Auflage

HOGREFE
GÖTTINGEN · BERN · WIEN · PARIS · OXFORD · PRAG
TORONTO · BOSTON · AMSTERDAM · KOPENHAGEN
STOCKHOLM · FLORENZ · HELSINKI

Univ.-Prof. Dr. W. D. Oswald
Universität Erlangen-Nürnberg
Forschungsgruppe Prävention & Demenz
am Institut für Psychogerontologie

e-Mail: forschung@wdoswald.de
Homepage: www.wdoswald.de

Bibliografische Information der Deutschen Nationalbibliothek
Die Deutsche Nationalbibliothek verzeichnet diese Publikation in der Deutschen Nationalbibliografie; detaillierte bibliografische Daten sind im Internet über http://dnb.dnb.de abrufbar.

Die erste Auflage dieses Buches erschien unter dem Titel „SimA®-basic-Gedächtnistraining und Psychomotorik – Geistig und körperlich fit zwischen 50 und 100“.

Verlag und Vertrieb: Hogrefe Verlag GmbH & Co. KG
Göttingen • Bern • Wien • Paris • Oxford • Prag • Toronto • Boston
Amsterdam • Kopenhagen • Stockholm • Florenz • Helsinki
Merkelstraße 3, D-37085 Göttingen

http://www.hogrefe.de
Aktuelle Informationen • Weitere Titel zum Thema • Ergänzende Materialien

Druck und Bindung: DROGOWIEC-PL Sp. z o.o.
Printed in Poland
Auf säurefreiem Papier gedruckt

ISBN 978-3-8017-2607-2

Vorwort zur 1. Auflage

Dieses Buch ist auf Wunsch der vielen Gruppenteilnehmer entstanden, die einen SimA®-Kurs durchlaufen haben und für das „Danach" ein Tagesprogramm wollten oder eine profunde Zusammenfassung des Gehörten. Dafür ist das Buch bestens geeignet, aber auch für die Leser, die nicht in eine Gruppe gehen wollen. Diese können hier in leicht verständlicher Form erfahren, wie man sich körperlich und geistig auf wissenschaftlich gesicherter Basis fit hält und dem eigenen Altern entgegenwirken kann. Neben der Einführung enthält das Buch ein Trainingsprogramm, das sich alle 14 Tage wiederholt. Nur wer täglich einige Minuten konsequent übt, für den gilt nicht:

„Wer geistig und körperlich rastet, der rostet".

In diesem Sinne ist dies ein Buch für alle zwischen 50 und 100, die sich ihre geistige und körperliche Fitness und Alltagskompetenz erhalten wollen.

Mein besonderer Dank gilt hierbei meiner Frau Barbara, die mich im Urlaub in Ruhe an diesem Buch arbeiten ließ, denn an der Universität bin ich nie dazu gekommen, Herrn Peter Jaensch, der das Layout besorgte und Herrn Dr. Roland Rupprecht, der mir mit Korrekturen und Ratschlägen zur Seite stand.

Bei Herrn Rüdiger Wilhelm und Herrn Dr. Rupprecht bedanke ich mich für die fotographische Dokumentation der Psychomotorik-Übungen. Frau Dr. Ellen Freiberger stellte dankenswerterweise viele Ideen und Konzepte zu diesen Übungen sowie einführende Texte dieses Bereiches zur

Verfügung. Außerdem traten sie und Herr Simon Derer als Akteure für die instruktiven Fotos auf. Auch hierfür gilt Frau Dr. Freiberger und ihrem Mitarbeiter mein besonderer Dank.

Darüber hinaus danke ich auch den vielen SimA®-Teilnehmern, die mich ermunterten, mich ans Werk zu machen.

Erlangen, im Herbst 2004

Wolf D. Oswald

Vorwort zur 2. Auflage

„Aktiv gegen Demenz" ist eine aktualisierte, überarbeitete und erweiterte Ausgabe des Werkes „SimA®-basic-Gedächtnistraining und Psychomotorik" und der gekürzten Lizenzausgabe „Training gegen Alzheimer". In diesem Buch können Sie in leicht verständlicher Form erfahren, wie Sie sich auf wissenschaftlich gesicherter Basis körperlich und geistig fit halten, dem Altern entgegenwirken und vor Alzheimer schützen können.

In der zweiten Auflage wurde besonderer Wert auf die Überarbeitung und Aktualisierung der Themenbereiche Gedächtnis und Alzheimer gelegt. Neben der Darstellung neuester Erkenntnisse zu Risiko- und Schutzfaktoren und den daraus abzuleitenden Empfehlungen zum präventiven Handeln wurde das Buch um praktische Tipps zum Kompetenzerhalt erweitert.

Am Ende des Buches finden Sie neben einem wissenschaftlichen überprüften Selbsttest zur Demenzfrüherkennung Hinweise zu Aus- und Weiterbildungsmöglichkeiten an der SimA®-Akademie sowie zu weiterführender Literatur.

Die zweite Auflage wurde von Frau Dipl.-Psych. Monika Wachter redaktionell betreut. Sie aktualisierte alle Abbildungen, Literaturverweise und Hinweise zur SimA®-Ausbildung und redigierte die Texte. Ihr gilt mein besonderer Dank.

Nürnberg, im Herbst 2013 Wolf D. Oswald

Inhalt

Über dieses Buch

1 Über dieses Buch

Ein Leben lang sein gutes Gedächtnis zu erhalten, im Alltag kompetent und selbstständig sein, anderen nicht zur Last zu fallen und im hohen Alter nicht dement zu werden, hätte man vor einigen Jahrzehnten noch als schicksalhafte Fügung einiger Wenigen abgetan.

Man wusste schon immer, dass wenn man älter wird, auch das Gedächtnis nachlässt. Heute wissen wir, dass dies ein allgemeiner lebenslanger degenerativer Prozess im Gehirn ist, der viele Jahrzehnte vor Ausbruch der Krankheit „Alzheimer" beginnt - manche meinen sogar schon kurz nach der Pubertät - und der bei jedem Einzelnen unterschiedlich schnell verläuft. Wir wissen heute aber auch, dass man selbst etwas tun muss und gar nicht früh genug damit beginnen kann. Es gilt, diesen Prozess durch eigenes Zutun - möglichst schon in der Jugend beginnend - so zu verlangsamen, dass eine Demenzerkrankung, selbst im höchsten Alter, vermieden werden kann.

Die Krankheit „Alzheimer" ist nach dem deutschen Psychiater und Neuropathologen Alois Alzheimer benannt, der sie als erster beschrieb. Alois Alzheimer wurde 1864 in Marktbreit, einem bekannten Weinort bei Würzburg, geboren. Dort kann man noch heute sein Geburtshaus besichtigen.

Alzheimer ist die häufigste Demenzform und meist hauptverantwortlich für das Nachlassen unserer Gedächtnisleistungen und unserer Alltagskompetenz. Entgegen vieler widerlegter Ansichten gehen wir heute davon aus, dass bis zu 95 Prozent aller demenziellen Erkrankungen der Alzheimer-Krankheit zuzuordnen sind, auch wenn sich bei rund 30 Prozent zusätzlich Gefäßveränderungen im Gehirn beobachten lassen (früher sprach man vom „Verkalken“), die sich noch „oben drauf setzen“.

Dieses Buch will nicht Angst machen, im Gegenteil! Es will zeigen, dass man durch eigenes Tun weitgehend gesund altern kann, auch im Kopf. Es will zeigen, was man tun muss um seine Selbstständigkeit zu erhalten und den Abbau von Gedächtnisleistungen zu verhindern. Die Übungen im zweiten Teil dieses Buches – wenn man sie täglich durchführt – können dazu helfen.

In diesem Sinne herzlich willkommen, liebe Leser,
an Bord von SimA®!
Was ist SimA®?
Hierauf versuche ich
im Folgenden eine erste Antwort zu geben:

Abbildung 1: Univ.-Prof. Dr. Wolf D. Oswald

SimA® ist unter meiner Leitung aus einem Forschungsprojekt des Instituts für Psychogerontologie der Friedrich-Alexander-Universität Erlangen-Nürnberg entstanden. SimA® ist die Abkürzung für

- **S** elbstständigkeit
- **im**
- **A** lter.

SimA® ist ein seit 1990 laufendes Forschungsprogramm, in welchem untersucht wird, warum der eine von uns länger in Selbstständigkeit altert und ein anderer schon relativ früh viel Hilfe von außen benötigt, pflegebedürftig wird oder Alzheimer bekommt.

Aus den Erkenntnissen dieses Forschungsprojektes sind ein Gruppenprogramm und Übungen entstanden, die

– wissenschaftlich nachgewiesen – helfen können, in wichtigen Bereichen langsamer zu altern, länger selbstständig zu leben und demenzielle Veränderungen, wie z.B. Alzheimer, über viele Jahre hinauszuzögern, so dass man diese Krankheit im besten Falle nicht erleben muss.

Die **bedeutsamsten Erkenntnisse** sind in diesem Buch zusammengestellt. Die wichtigsten Übungen werden eingehend erläutert, so dass sie jeder zu Hause allein oder mit einem Partner durchführen kann.

Wer lieber am Computer arbeitet, findet in der SimA®-basic-PC-CD für jeden Tag immer wieder neu gestaltete und damit abwechslungsreiche Übungen.

SimA® ist ein geschützter Markenname, deshalb der Zusatz „®". Nur Bücher und Produkte mit dem geschützten Namen „SimA®" sind Originale.

Auch für dieses Buch gilt: Nur regelmäßiger Gebrauch hilft!

Dies ist kein Buch, das ein Wissenschaftler für Wissenschaftler geschrieben hat. Es handelt sich vielmehr um ein Buch für alle Leser und Leserinnen, die lange jung und selbstständig bleiben wollen. Also ein Buch für alle Altersgruppen, für jüngere ebenso wie für ältere, denn es ist nie zu spät, mit einem täglichen Gedächtnis-, Kompetenz- und Psychomotoriktraining zu beginnen: in unserem Forschungsprojekt waren die jüngsten Teilnehmer 75, die ältesten 90 Jahre alt!

Warum „willkommen an Bord"?

- Ab 50 weiß man, dass die Jahre immer schneller dahinfliegen, wie im Flugzeug.
- Außerdem wollen wir von den Piloten lernen, welche Hilfen uns den Alltag erleichtern können.
- Manche Probleme lösen sich auch rasch auf, wenn man sie von oben betrachtet:

Abbildung 2: Schwierigkeiten überwinden

1.1 Altern und Alzheimer: Schicksal oder Herausforderung?

„Altern“ bedeutet heutzutage „immer älter werden“, aber damit verbunden auch ein erhöhtes Risiko, an Alzheimer zu erkranken. Daher wird in diesem Buch von beidem die Rede sein: vom Altern und von Alzheimer. Die Ziele sind,

- über wichtige Alternsvorgänge zu informieren,
- zum Erhalt der selbstständigen Alltagsbewältigung beizutragen,
- Übungen zur Verbesserung der nachlassenden oder schon immer schlechten Gedächtnisleistungen anzubieten,
- vorhandene Kompetenzen (Wissen und Können) zu stärken,
- Kompensationsmöglichkeiten zu erarbeiten, die uns kompetenter machen
- und zugleich Strategien zu lernen, die uns helfen, demenzielle Veränderungen, vorwiegend in Form von Alzheimer, soweit hinauszuzögern, dass wir sie nicht mehr erleben werden.

Abbildung 3: „Der Jungbrunnen“ von Lucas Cranach d. Ä. (1546)

Dieses Buch stellt also keinen Jungbrunnen dar, wie sich dies beispielsweise Lucas Cranach der Ältere vorstellte oder wie das manche Hersteller von gewissen Präparaten behaupten: links geht man alt hinein und rechts kommt man jung wieder heraus. Nein, unser Ziel ist nicht zu verjüngen, sondern unsere Leistungsfähigkeit und Selbstständigkeit möglichst lange und frei von Alzheimer zu erhalten. Hierzu muss man aber regelmäßig etwas tun, denn:

Wer körperlich und geistig rastet, der rostet!

1.2 Warum bringt die Zukunft so viele Probleme? – Die demografische Entwicklung

Wir stehen vor einer gewaltigen demografischen Veränderung. Der Bevölkerungsaufbau, der früher aus vielen Jungen und wenigen Alten bestand und somit die Form einer Pyramide annahm, veränderte sich schon im 20. Jahrhundert dramatisch. Dieser Prozess wird sich im 21. Jahrhundert noch weiter verstärken. Hierzu sind zwei Gründe maßgebend:

- die Zunahme der Lebenserwartung und
- eine immer größer werdende Babylücke.

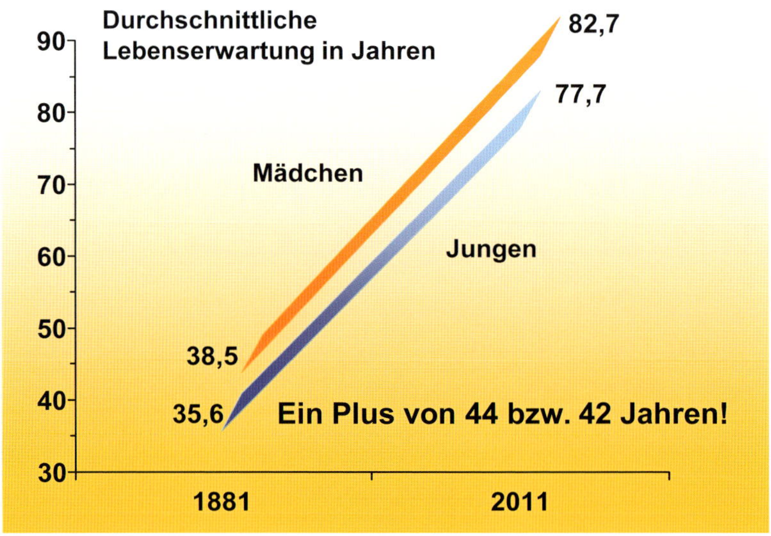

Abbildung 4: Entwicklung der durchschnittlichen Lebenserwartung für ein Neugeborenes zwischen 1881 und 2011 in Deutschland

Im Geburtsjahrgang 1881 betrug die durchschnittliche Lebenserwartung eines neugeborenen Mädchens in Deutschland 38,5 Jahre, für den Jahrgang 2011 bereits 82,7 Jahre. Ähnlich sind die Verhältnisse bei den Jungen. Hier stieg die durchschnittliche Lebenserwartung im gleichen Zeitraum von 35,6 Jahren auf 77,7. Hierfür gibt es unterschiedliche Gründe, diese sind beispielsweise:

- eine verbesserte Hygiene (weniger Todesfälle durch Infektionskrankheiten),
- eine geringere Säuglingssterblichkeit,
- eine geringere Müttersterblichkeit,
- der allgemeine medizinische Fortschritt und die verbesserte medizinische Versorgung,
- verbesserte Arbeitsbedingungen und
- seit nunmehr fast 70 Jahren kein Krieg mehr in Deutschland.

Die fernere Lebenserwartung, also z.B. die Anzahl der von einem 70-Jährigen noch zu erwartenden Lebensjahre, hat sich dagegen nicht so deutlich geändert. Sie stieg bei den Frauen in den letzten hundert Jahren um 8 Jahre und bei den Männern um 5,9 Jahre. Bei den über 80-Jährigen, wo man einen erheblich höheren Anstieg vermuten würde, stieg sie bei den Frauen um 4,4 Jahre und bei den Männern um 3,4 Jahre. Wer also die „gefährlichen" jüngeren Lebensjahre überlebte, so wie z. B. Lucas Cranach der Ältere, der mit seinem Sohn das berühmte Bild „der Jungbrunnen" malte, hatte eine ähnliche Lebenserwartung wie heute. Er lebte von 1472 bis 1553 und wurde 81 Jahre alt. Auch Immanuel Kant (1724–1804), auf den wir noch zu sprechen kommen werden, wurde 80 Jahre alt.

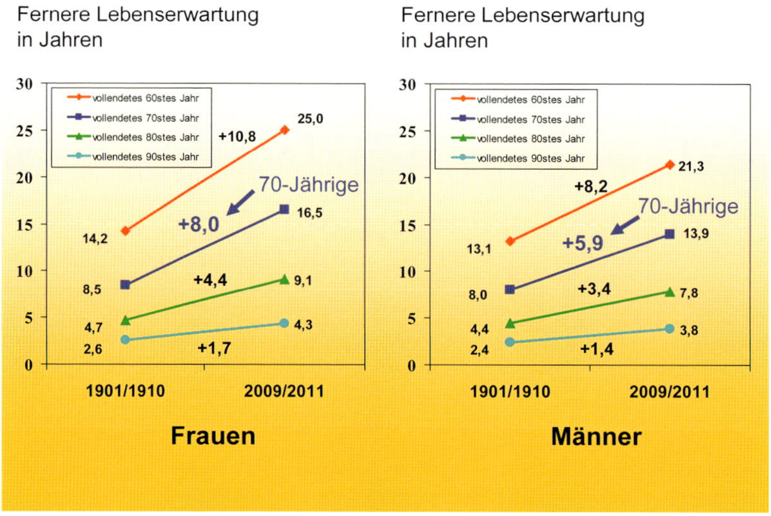

Abbildung 5: Entwicklung der ferneren Lebenserwartung von Frauen und Männern in den letzten 100 Jahren in Deutschland

Trotzdem fällt auf, dass die Lebenserwartung der Frauen schneller steigt als die der Männer. In den letzten hundert Jahren lag der Anstieg bei den 70-jährigen Frauen 2,1 Jahre höher als bei den Männern.

Es wird vielfach behauptet, dass dies genetische Ursachen haben könnte. Da aber in bayerischen Klöstern im 20. Jahrhundert die Lebenserwartung zwischen Brüdern und Schwestern nur zwischen null und zwei Jahren schwankte und die Mönche generell eine höhere Lebenserwartung als die Bevölkerung haben (die Nonnen eine vergleichbare), scheinen äußere Ursachen, wie Berufstätigkeit, Stress, ungesündere Lebensweise usw. offensichtlich eine größere Rolle zu spielen, als wir bisher angenommen haben.

Die steigende Lebenserwartung ist natürlich sehr erfreulich. Sie bringt aber eine Reihe von großen Problemen mit sich, da gleichzeitig immer weniger Kinder geboren werden. Zurzeit sind es in Deutschland knapp 1,4 Kinder pro Frau im gebärfähigen Alter. Mindestens 2,1 Kinder wären aber nötig, um das Gleichgewicht zwischen Jung und Alt aufrecht zu erhalten. Wir vergreisen also nicht, wir „entjungen" dramatisch. Und weil uns der Nachwuchs fehlt,

- wird sich in den nächsten 50 Jahren der Anteil der über 60-Jährigen im Verhältnis zu den Jungen nahezu verdoppeln,
- wird auf eine Erwerbsperson ein Rentner kommen,
- werden die Renten in der jetzigen Höhe nicht mehr bezahlbar sein,
- wird die Bevölkerungszahl in Deutschland bis 2060 unter günstigen Annahmen um bis zu 17 Millionen, unter ungünstigen (ohne Zuwanderung) sogar um bis zu 25 Millionen Menschen sinken,
- werden sich die Einpersonenhaushalte verdreifachen,
- wird sich die Anzahl potenziell pflegender Töchter halbieren,
- wird sich die Anzahl verwirrter und dementer hilfsbedürftiger Menschen mindestens verdoppeln.

Die folgende Abbildung zeigt, wie hoch der Anteil an Demenzkranken in Deutschland geschätzt wird. Die hier abgebildete Anzahl der an Demenz Erkrankten im Verhältnis zur Anzahl aller untersuchten Personen und somit das Vorkommen einer Demenzerkrankung in der jeweiligen Altersgruppe bezeichnet man als Prävalenzrate. Derzeit geht man davon aus, dass etwa jeder Dritte über 85-Jährige an einer Demenz erkrankt ist. Diese Zahlen sind jedoch zu niedrig, da viele Ältere nicht auf Demenz hin untersucht werden. Untersuchungen an Gestorbenen ergaben bei den 85- bis 89-jährigen Frauen sogar eine Prävalenzrate von 51 Prozent und bei Männern von 47 Prozent.

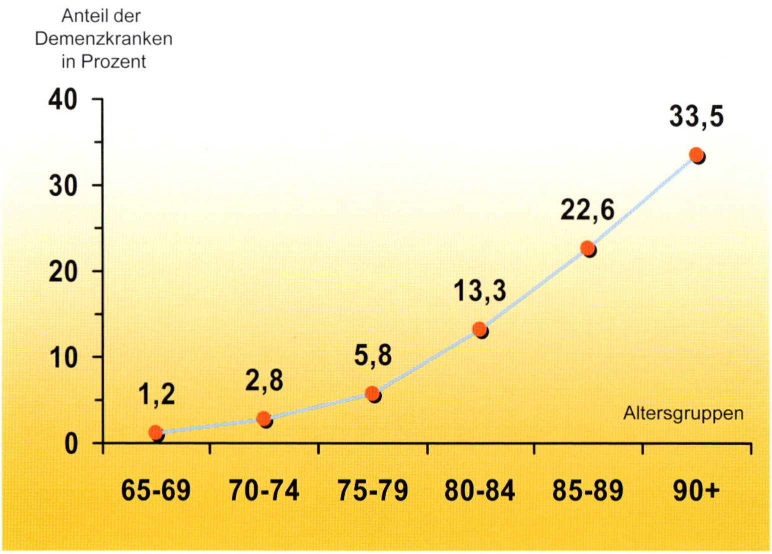

Abbildung 6: Prävalenzrate der Demenz

Auch das folgende Beispiel mag die Dramatik des demografischen Wandels veranschaulichen: Im Jahr 1880 kamen auf einen 75-Jährigen oder Älteren 79 Jüngere, also Personen, die diesen hätten möglicherweise versorgen können. Im Jahr 2011 waren dies 9,4 und im Jahr 2050 werden es – so die Prognose – nur noch 3,9 Personen sein (s. Abb. 7). Die Verhältnisse in Österreich und der Schweiz sind vergleichbar. Diese vier Personen können den einzelnen pflegebedürftigen älteren Menschen, der in der Regel keine versorgenden Angehörigen hat, nicht mehr betreuen, und die sinkenden Renten machen eine Versorgung auch durch fremde Pflegekräfte nicht mehr bezahlbar.

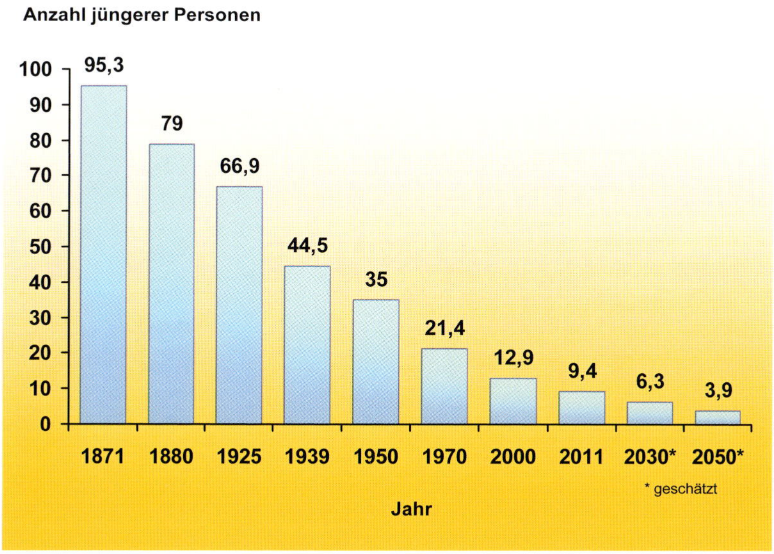

Abbildung 7: Anzahl der jüngeren Personen in Deutschland, die auf einen 75-Jährigen oder Älteren kommen

Hilfe zur Selbsthilfe ist also angesagt!

Hier setzt SimA® an: Hilfe zur Selbsthilfe, Erhaltung von Selbstständigkeit und Verzögerung demenzieller Prozesse.

Alt werden wir alle, aber wie?

2 Alt werden wir alle, aber wie?

Man muss unterscheiden zwischen „alt sein" und „altern": Wann man alt ist, entscheidet die Gesellschaft, so ist dies unter anderem auch abhängig davon, wie die Bevölkerung sich altersmäßig verteilt. So soll Immanuel Kant, einer der bedeutendsten deutschen Philosophen, anlässlich einer Feierstunde zu seinem 50. Geburtstag im Jahre 1774 vom Rektor der Universität Königsberg mit „Ehrwürdiger Greis" angesprochen worden sein. Heute ein undenkbarer Vorgang. Wenn man aber berücksichtigt, dass im 18. Jahrhundert zu den „Alten", also den ältesten 25% der männlichen Bevölkerung, bereits die über 35-Jährigen zählten, dann versteht man durchaus, dass Kant mit 50 Jahren zu den „Greisen" zählte. 1871 waren dies bereits die über 40-Jährigen, heute sind es die über 60-Jährigen und in fünfzig Jahren werden zu der Gruppe der Ältesten erst die über 70-Jährigen zählen.

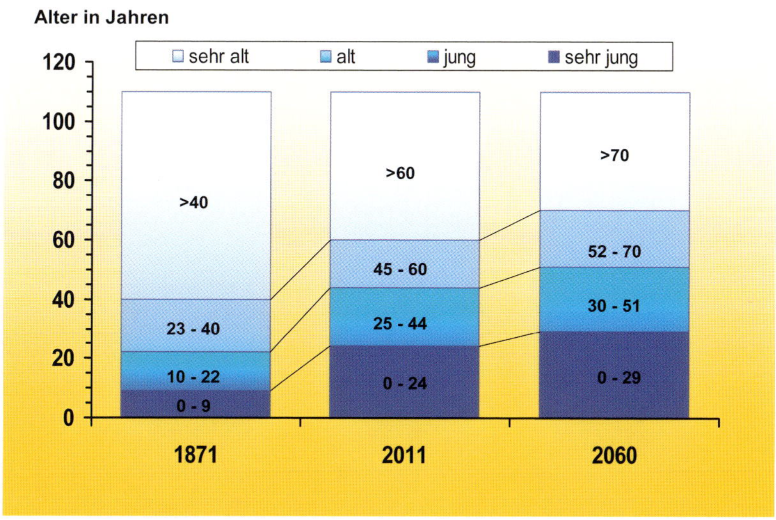

Abbildung 8: Wann ist man sehr alt?

Was ist Altern?

- Altern ist vorwiegend ein biologischer Prozess. Altern ist keine „Krankheit", sondern etwas Normales im Lebenslauf eines Organismus.
- Wir altern in unterschiedlichen Organen und Funktionen nicht einheitlich, sondern unterschiedlich. In einigen Bereichen altern wir schnell (z.B. bei unserer Haut), in anderen langsamer (z.B. bei unseren Haaren), in anderen wiederum eher überhaupt nicht (z.B. beim Lernen von Gedichten).
- Altern ist ein sehr komplexer Vorgang. Es wird von biologischen Veränderungen, von Krankheiten und von giftigen Umwelteinflüssen ebenso beeinflusst wie von psychosozialen Veränderungen wie Stress, Einsamkeit oder dem Eintritt in den Ruhestand. Alle diese Faktoren wirken miteinander.
- Trotzdem ist man so alt, wie man sich fühlt: Unser psychisches Wohlbefinden ist ein wichtiger Faktor des Alterns. Wer sich jünger fühlt als er ist, lebt häufig länger! Ebenso der, welcher einen großen Freundeskreis pflegt.
- In psychischer Hinsicht ist Altern nicht gleichbedeutend mit Abbau. Im Bereich von Wissen und Erfahrungen können wir bis ins hohe Alter einen Zuwachs erfahren, wenn wir in Übung bleiben. Im Bereich der Geschwindigkeit unseres Denkens kommt es allerdings zu einem Nachlassen schon ab dem 30. Lebensjahr. Aber durch regelmäßige geistige Aktivität können wir auch dieses Nachlassen verzögern.
- Insgesamt geht Altern nicht nur mit negativen Veränderungen einher. In einigen Bereichen ist sogar „Wachs-

tum" möglich. So kann man in der nachberuflichen Lebensphase durchaus noch ein Musikinstrument lernen, seine Sprachkenntnisse vertiefen, neue Freundschaften knüpfen und sogar Sport treiben, auch wenn man 65 Jahre dazu „keine Zeit" hatte.

- Wichtig ist dabei auch, wie wir mit altersbedingten Veränderungen umgehen: Einschränkungen können zum Teil durch aktives Verhalten, beispielsweise durch ein altersgerechtes körperliches Training und gezieltes Gedächtnistraining, verbessert werden, andere mit dem Alter einhergehende Veränderungen, beispielsweise nachlassende Sinnesleistungen, können durch Hilfsmittel, wie z.B. Brillen, voll ausgeglichen werden.
- Weil unterschiedliche Personen sich ihr Leben lang unterschiedlich verhalten, altern sie auch unterschiedlich. Im Alter holt uns unsere Biografie wieder ein. Wer z.B. immer „ungesund" gegessen und getrunken hat, spürt dies am ehesten. Aber nicht nur Rauchen, Ernährung und Gifte aus der Umwelt spielen eine wichtige Rolle, sondern auch ganz besonders Bewegungsarmut und „Trägheit im Kopf". Wer zum Denken zu bequem ist, der kann dies auch im Alter nicht. Wer immer einen Taschenrechner benutzt, altert im Kopf früher.
- Wenn man also Einfluss auf das eigene Altern nehmen kann, dann verläuft Altern nicht „schicksalhaft". Man kann etwas tun.

Weil es für SimA® von großer Wichtigkeit ist, sei ein Punkt besonders herausgegriffen: das Altern unserer Intelligenz, d.h. unseres Wahrnehmens und Denkens. Auch hier gilt:

Wir altern in unterschiedlichen Funktionen unterschiedlich!

Es gehört heute zum gesicherten Wissen, dass mit zunehmendem Lebensalter eine Verschmelzung kognitiver Funktionen beobachtet werden kann. Während bei Jugendlichen viele Einzelfunktionen unabhängig voneinander variieren können (man kann in einem Bereich gut sein, im anderen schlecht), tritt mit fortschreitendem Lebensalter eine Verschmelzung in Richtung von nur noch zwei unabhängigen Dimensionen ein. Diese beiden Hirnleistungen werden als „kristalline" und „flüssige" Funktionen beschrieben.

Als **kristallin** werden stark übungs- und bildungsabhängige Hirnleistungen bezeichnet, in die beispielsweise unsere Sprache und unser kulturelles und soziales Wissen eingehen und die nicht unter Zeitdruck erbracht werden müssen. Als Beispiele wären zu nennen: Rechenfähigkeit, Wissen, Gedichte auswendig lernen.

Unter **flüssigen** Leistungen versteht man dagegen die Verarbeitungsgeschwindigkeit in unserem Gehirn. Diese erkennt man an sich selbst, wenn man bei relativ einfachen Aufgaben mehrere Dinge gleichzeitig und schnell erbringen muss. Diese Leistungen sind weniger milieu- und bildungsabhängig und überwiegend vererbt. Als Beispiele sind anzuführen: das Überqueren einer Straße an einer Fußgänger-Ampel, die Anzahl an Worten mit dem Buchstaben „m", die einem in einer Minute einfallen oder die

Menge an „a"s und „n"s, die man in einer Minute in einem Zeitungsartikel anstreichen kann.

Dieses Modell hat sich in der Alternsforschung weitgehend etabliert. Kristalline Hirnfunktionen unterliegen keinem oder erst im höchsten Alter einem Abbau. Das heißt, diese Funktionen lassen sich bis ins höchste Lebensalter erhalten oder durch Training sogar steigern. So lässt sich z.B. die Fähigkeit, Gedichte auswendig zu lernen, bis ins hohe Alter trainieren. Andererseits kann ein Nichtgebrauch dieser Hirnfunktionen folglich auch zu defizitären Veränderungen führen. Im englischen Sprachraum wird dies treffend durch den Spruch ausgedrückt:

„Use it or lose it!"–
„Gebrauche es oder verliere es!"

Fluide und stets tempoabhängige Leistungen dagegen unterliegen bereits ab dem dritten Lebensjahrzehnt einem Abbau. Das heißt, die dahinter stehenden Prozesse werden mit zunehmendem Lebensalter langsamer und man kann nicht mehr so viele Informationen gleichzeitig angemessen schnell verarbeiten (Informationsverarbeitungsgeschwindigkeit).

Der Abbau fluider Funktionen wird deshalb parallel zu biologischen Abbauprozessen und damit als ein wichtiges Merkmal der biologischen Hirnalterung angenommen.

Jedoch auch diese fluiden Hirnfunktionen können durch Übung gesteigert werden. Auch hier gilt der Spruch **„Gebrauche es oder verliere es!“**

Aber: In diesen Bereichen stoßen wir sehr schnell an die biologisch vorgegeben Grenzen. Gerade deswegen ist es so wichtig, die vorhandenen Möglichkeiten bis aufs Letzte auszuschöpfen.

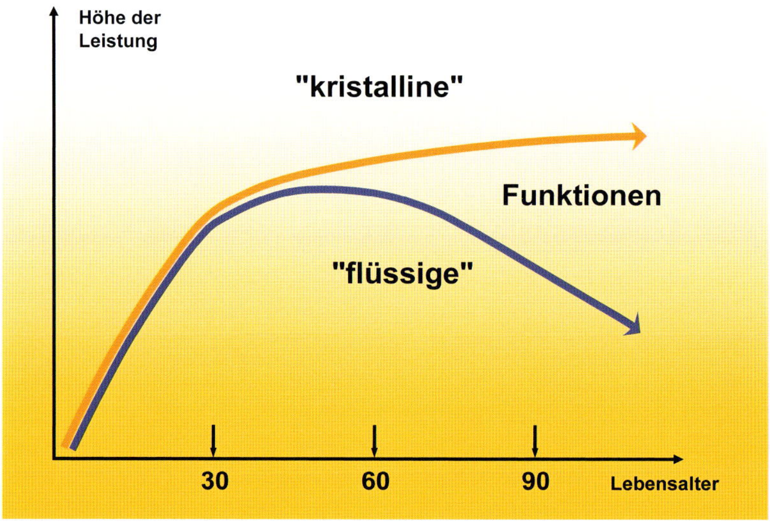

Abbildung 9: Veränderungen der Hirnfunktionen mit dem Alter

Im SimA®-Gedächtnistraining steht deshalb ganz gezielt die Übung dieser fluiden Funktionen im Vordergrund, um die altersabhängig bedingten Verluste teilweise wieder auszugleichen.

SimA® – wissenschaftlich

3 SimA® – wissenschaftlich

3.1 Die SimA®-Trainings-Studie

Im folgenden Kapitel wird die bekannte SimA®-Studie in einer stark verkürzten, auf das Wesentliche beschränkten Form dargestellt. Eine ausführlichere und laufend aktualisierte Fassung kann der interessierte Leser im Internet abrufen und ausdrucken unter folgender Adresse:

www.wdoswald.de

Hier findet der Leser auch weiterführende und vertiefende Literatur. Im nächsten Kapitel wird dargestellt, was wir aus SimA® lernen können.

Auf dem Markt existieren viele Trainingsprogramme, die versprechen, dass man in kürzester Zeit sein Gedächtnis verbessern könne, länger aktiv bleibe oder gesünder lebe, wenn man nur den Ratschlägen der Autoren folgt. Versprechen ja, Beweise für die Versprechungen gibt es aber meistens nicht. Deswegen wurde SimA® vom Bundesforschungsministerium und später vom Bundesministerium für Familie, Senioren, Frauen und Jugend als Forschungsprojekt am Institut für Psychogerontologie der Universität Erlangen-Nürnberg finanziell unterstützt.

Bei SimA® ging es im Wesentlichen darum, zu prüfen, ob die drei Elemente

- Kompetenztraining,
- Gedächtnistraining und
- Psychomotorisches Training

bei einem einjährigen Training sowohl die trainierten Inhalte – also die Alltagskompetenz, das Gedächtnis und die Beweglichkeit – wissenschaftlich nachweisbar und nachhaltig verbessern als auch langfristig helfen können, länger selbstständig zu bleiben und demenzielle Prozesse zu verzögern. Da auf dem Markt keine wissenschaftlich gesicherten und begründeten Trainingsprogramme zu finden waren, wurden eigene entwickelt, die heute als die bekannten SimA®-Trainingsbände vorliegen.

Im Kompetenztraining ging es um die Alltagskompetenz, im Gedächtnistraining um eine nachhaltige Verbesserung der nachlassenden Gedächtnisleistungen und im Psychomotorischen Training um die Verbesserung der Wahrnehmung, der Reaktionsfähigkeit, der Beweglichkeit, des Gleichgewichts und der Koordination; also nicht um Sport, bei dem Kraft und Ausdauer im Mittelpunkt stehen.

Für das über dreißig Wochen verteilte, letztlich mit Ferien ein Jahr dauernde Training wurden

- 375 Senioren mit eigenem Haushalt zugelassen,
- die im Jahre 1991 mindestens 75 Jahre alt,
- gesund und damit nicht akut behandlungsbedürftig waren.

Im Jahr 2004 lebten davon noch circa 120 Personen. Die jüngsten waren damals 88 Jahre alt. Heute (2013) leben noch 12 Studienteilnehmer im Alter von 97 Jahren und älter. Die Teilnehmer trafen sich einmal pro Woche zu einer Trainings-Sitzung. Da sie sich ja auch unterhalten wollten, dauerte eine solche Sitzung in der Regel zwei bis drei Stunden. An ihr nahmen 15 bis 20 Personen mit zwei Trainerinnen teil.

Die Studienteilnehmer wurden per Zufall in sechs verschiedene Trainings-Gruppen eingeteilt:

- eine Kontrollgruppe (Teilnehmer ohne Training)
- eine Gruppe „Kompetenztraining"
- eine Gruppe „Gedächtnistraining"
- eine Gruppe „Psychomotorisches Training"
- eine Gruppe „Kompetenz- und Psychomotorisches Training" und
- eine Gruppe „Gedächtnis- und Psychomotorisches Training"

Natürlich führte diese Zufallseinteilung bei vielen Teilnehmern zunächst zu großer Enttäuschung, besonders wenn sie sich in der Kontrollgruppe wiederfanden oder kein Gedächtnistraining erhielten, das die meisten wollten. Nach den mehrtägigen medizinischen und psychologischen Untersuchungen, die alle Teilnehmer als einmalig gründlich und für sie hilfreich empfanden, entschlossen sich jedoch alle, sich auch für die weiteren Jahre zur Verfügung zu stellen. Die Teilnehmer aller Gruppen wurden somit jährlich komplett untersucht, ab 1998 jedoch nur noch schriftlich bzw. über Hausbesuche kontaktiert, da ein

Teil nicht mehr ohne Probleme in die Universität kommen konnte.

3.2 Ergebnisse

In der folgenden Abbildung sind die Ergebnisse für kognitive Leistungen dargestellt. Aus Gründen der Übersichtlichkeit sind alle Ergebnisse geglättet. Die besten Ergebnisse wurden in der Gruppe erzielt, in der gleichzeitig sowohl das Gedächtnis als auch die Psychomotorik trainiert wurden. Das Gedächtnistraining allein brachte zwar auch gute Ergebnisse, aber insgesamt etwas geringere. Die Teilnehmer, die nur ein Psychomotoriktraining erhielten, verschlechterten sich sogar gegenüber der Kontrollgruppe, also jenigen, die überhaupt kein Training erhielten (s. Abb. 10).

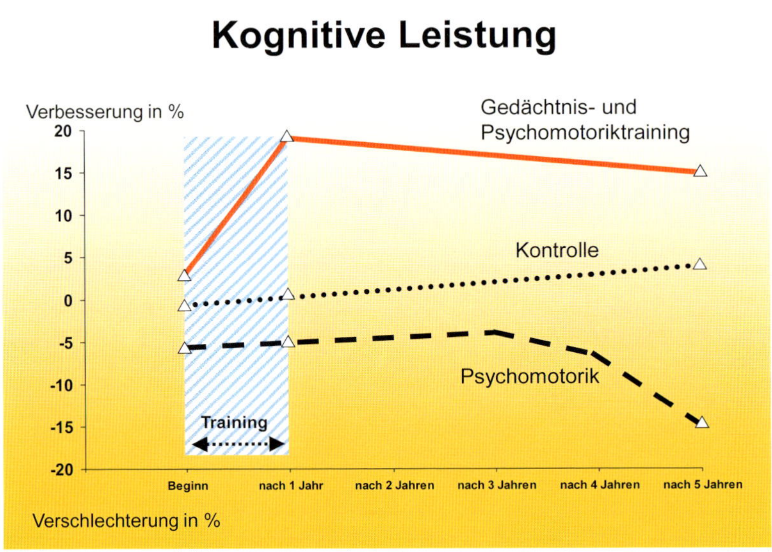

Abbildung 10: Kognitive Leistung

Diese Verbesserungen hielten also insgesamt 5 Jahre lang an - aber natürlich nur deshalb, weil die Teilnehmer weiter trainierten! Wegen des inzwischen hohen Alters der Teilnehmer konnten wir diese leider nicht mehr weiter regelmäßig untersuchen. Vielleicht hätten wir auf diese Weise sogar noch länger andauernde Effekte gefunden.

Unser Training konnte mit circa 20% einen hervorragenden Effekt nachweisen. Es gibt kein Arzneimittel in diesem Bereich, welches jemals solche Effekte bewirkte.

**Es lohnt sich also,
wenn man sein Gehirn „quält".**

Kritiker fragen dann immer sofort, ob denn die Unterschiede zwischen der Kontrollgruppe und unserer Kombinationsgruppe nicht zufällig seien. Hier kann man entgegnen, dass die Wahrscheinlichkeit, ein solches Ergebnis nur durch Zufall erklären zu können, gerade noch 1 Promille beträgt. Dies gilt in der Wissenschaft als etwas eindeutig Bewiesenes - zumal sich auch 98% unserer Teilnehmer verbesserten, also sozusagen alle. Auch dies ist mehr als Zufall. Wichtiger als die kognitive Leistung ist der Erhalt der Selbstständigkeit. Hier erzielten ausschließlich die Teilnehmer am Kombinationstraining einen deutlichen Effekt. Die nächste Abbildung zeigt den Verlauf der Selbstständigkeit, d.h. das Fehlen von Hilfs- und Pflegebedürftigkeit.

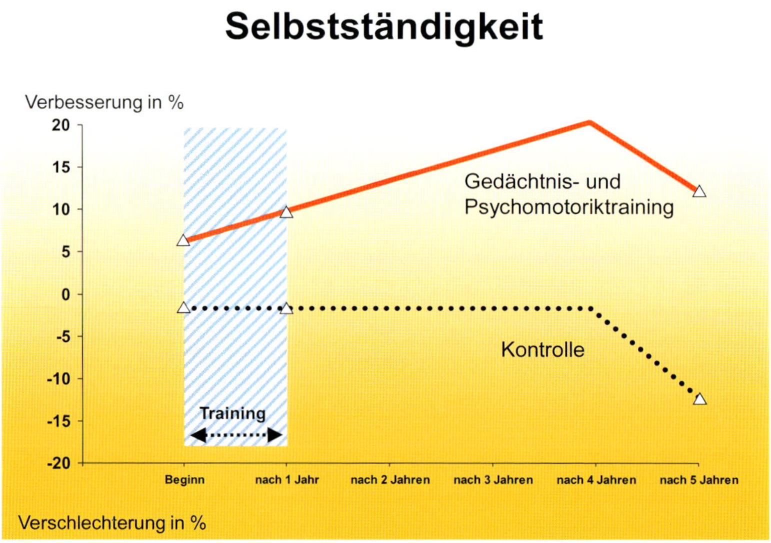

Abbildung 11: Selbstständigkeit

Obwohl unsere Teilnehmer, die regelmäßig ihr Gedächtnis und Bewegungstraining durchführten, immer älter wurden, konnten sie ihre Selbstständigkeit erhalten, während in unserer Kontrollgruppe die Selbstständigkeit mit der Zeit deutlich abnahm.

Dies erwartet niemand, da man mit zunehmendem Alter eigentlich immer kränker wird, wie die Kontrollgruppe zeigt: Auch der Gesundheitszustand verbesserte sich in der Kombinationsgruppe eindeutig nachweisbar (s. Abb. 12).

Gesundheit

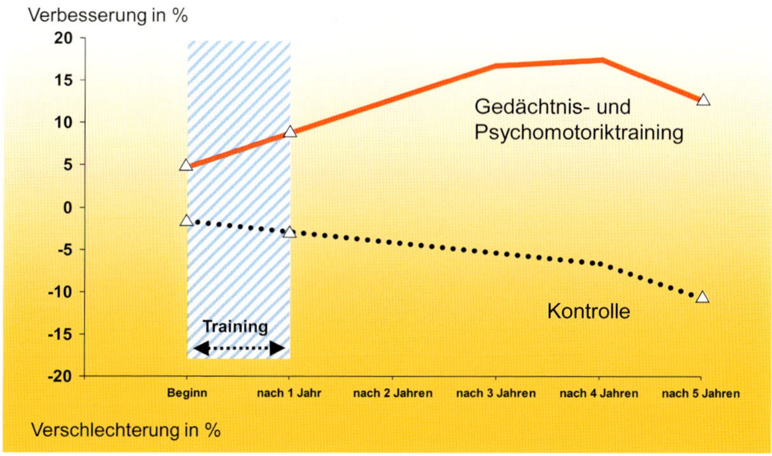

Abbildung 12: Gesundheit

Symptome wie „zunehmende Vergesslichkeit“ münden bei mehr als der Hälfte der älteren Menschen in einer Demenz. Wenn man diese Symptome reduziert, kann man den Beginn einer Demenz nach allem, was wir zurzeit wissen, deutlich hinauszögern. Unter einer Demenz versteht man dabei einen Krankheitsverlauf, der zu räumlich-zeitlicher Verwirrtheit und zu schweren Beeinträchtigungen des täglichen Lebens führt. Die Patienten erkennen z.B. andere Personen nicht mehr, wissen nicht mehr, wo sie sind, wissen nicht mehr, was sie gegessen haben. Sie bedürfen ab einem mittleren Schweregrad der dauernden Beaufsichtigung. Demenz wird als Oberbegriff gebraucht, dahinter verbergen sich unterschiedlichste Erkrankungen. Die häufigste ist die senile Demenz vom Alzheimer-Typ.

Neueste Forschungen gehen davon aus, dass letztlich jeder Alzheimer bekäme, wenn er nur entsprechend alt würde; denn manche erkranken schon mit 55 Jahren, andere dagegen erst mit über 100 Jahren.

Die Forschung nimmt ferner an, dass durch entsprechendes Training, wie im Folgenden dargestellt, Einfluss auf den Verlauf genommen und die Progression damit verlangsamt werden kann. Bei vielen Menschen äußern sich Symptome wie „Vergesslichkeit", „Konzentrationsstörungen" und „Orientierungsstörungen" schon ab dem 50. Lebensjahr. Es ist also von enormer Wichtigkeit, „demenziellen Symptomen" schon beim ersten Auftreten durch ein geeignetes Training entgegenzuwirken.
Das SimA®-Gedächtnistraining, verbunden mit dem SimA®-Psychomotoriktraining, bietet dabei eine hocheffiziente Hilfe.

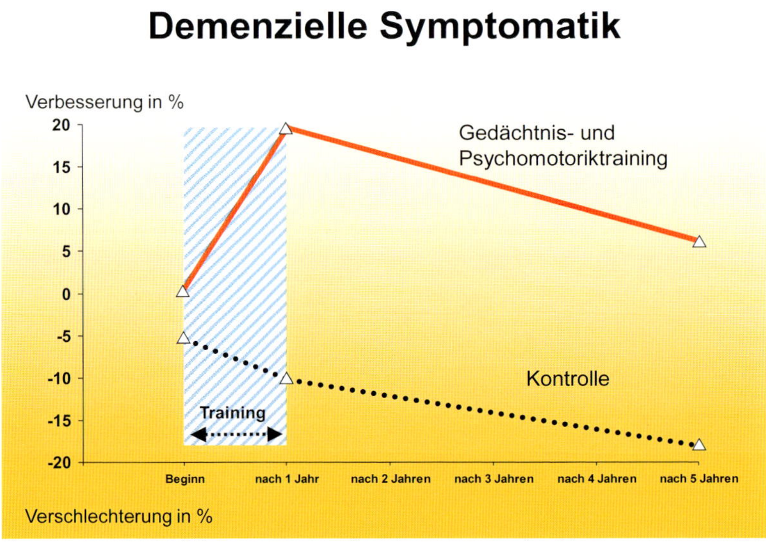

Abbildung 13: Demenzielle Symptomatik

Durch Gedächtnis- und Psychomotoriktraining wurden diese Symptome im Vergleich zur Kontrolle um 30% verbessert, was einen hervorragenden Effekt darstellt. Gleichwohl setzt nach einem Jahr die „normale Alterung zwar wieder ein – bei der Gedächtnis- und Psychomotorikgruppe jedoch auf einem um Jahre zurückversetztem Niveau. Dies bedeutet, dass die Betreffenden wahrscheinlich unter Berücksichtigung ihres hohen Alters keine Demenz bekommen werden. Auch hier gilt: Die Einzeltrainingseinheiten brachten nichts, weder das Gedächtnistraining allein noch das Bewegungstraining allein.

An dieser Stelle gilt es zu fragen, ob wirklich angenommen werden kann, dass durch das Gedächtnis- und Psychomotoriktraining weniger vom Fachmann diagnostizierte Demenzen eintreten. Hierzu braucht man viel Geduld, denn in unserer SimA®-Stichprobe wurden auch 15 Jahre nach Beginn des Experimentes weniger Fälle von Demenz beobachtet als aufgrund des Alters der Teilnehmer zu erwarten war. Über die möglichen Gründe wird im nächsten Kapitel nachgedacht. In der folgenden Abbildung sieht man, wie sich die 90 Teilnehmer mit einer zwischenzeitlich eingetretenen Demenz im Jahre 2005 auf die einzelnen Behandlungsgruppen verteilten. In der Gruppe, die sowohl ihr Gedächtnis trainierte als auch regelmäßig Psychomotorik betrieb, erkrankten gerade mal 10% der Patienten an Alzheimer, also mit Abstand am wenigsten und viel weniger, als zu erwarten war. Dies ist umso erstaunlicher, als die jüngsten Teilnehmer zu diesem Zeitpunkt bereits 89 Jahre alt waren.

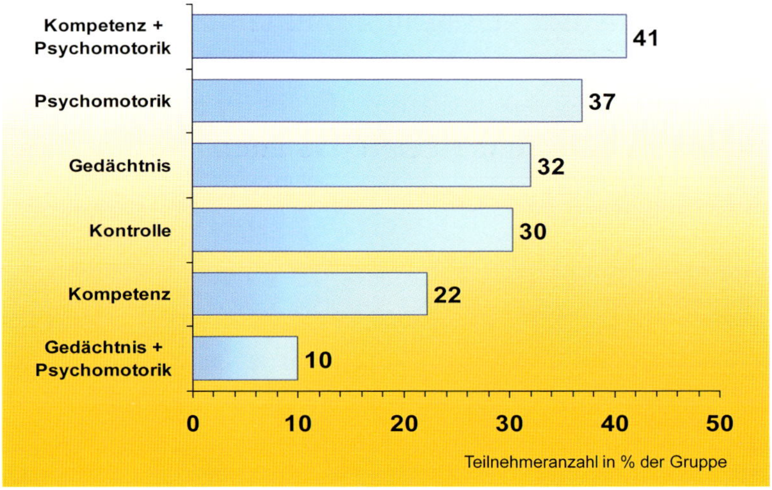

Abbildung 14: Verteilung der 90 Teilnehmer mit Demenz auf die Trainingsgruppen

Wie versucht man, sich dieses Phänomen zu erklären?

Das Training der Psychomotorik verbessert den Hirnstoffwechsel, insbesondere der Glukose als Brennstoff des Gehirns. Das Gedächtnistraining erhöht die Nachfrage nach Glukose. Nur wenn beides zusammenkommt, kann den „hungrigen“ trainierten Hirnzellen geholfen werden. Verbessert man dagegen nur das Angebot durch die Psychomotorik, so verpufft der Effekt, da keine Nachfrage besteht. Erhöht man die Nachfrage, indem man schon leicht gestörte Hirnzellen stärker aktiviert ohne Angebot an „Brennstoff“, so wird die Situation der ohnehin schon geschwächten Zellen nur noch schlechter, ähnlich als wenn man sich mit letzter Kraft verausgaben würde. Angebot und Nachfrage müssen also zusammenkommen. Weder das psychomotorische Training noch das Gedächtnistraining allein erbrachten die beobachteten deutlichen Verbesserungen und Verzögerungen bei Symptomen wie Vergesslichkeit oder Konzentrationsschwäche. Nur wenn sowohl körperlich als auch geistig trainiert wird, entsteht der gewünschte Effekt.

Gleichnishaft könnte man sich das auch so vorstellen:

Durch die Hirngefäße schwimmen vermehrt große Fische. Am Ufer sitzen jedoch Leute, die gerade vom Essen kommen. Die Fische werden vorbeischwimmen. Würden am Ufer aber Hungrige sitzen, die drei Tage nichts mehr zum Essen bekommen haben, weil sie unentwegt trainierten, so werden diese sich Angeln bauen und die Fische herausholen.

Der alte Spruch **„Wer rastet, der rostet!“** muss deshalb jetzt neu geschrieben werden, er muss in Zukunft lauten:

Wer geistig und körperlich rastet, der rostet!
Und das gilt ein Leben lang!

3.3 Die SimA®-Risiko-Studie

Die 375 Teilnehmer an unserem Projekt waren zu Beginn mindestens 75 Jahre alt (im Durchschnitt 80). 340 konnten wir über die Jahre weiter betreuen.

1998 waren sie sieben Jahre älter, d.h. im Durchschnitt 87 Jahre. 99 Teilnehmer (29%) waren in der Zwischenzeit verstorben, 161 (mit 47% fast die Hälfte) waren pflegebedürftig geworden, 70 von letzteren erkrankten an einer Demenz (21%).

Nimmt man nun die Befunde von 1991, als alle Teilnehmer noch gesund waren, so lassen sich jene Bedingungen ermitteln, welche dafür verantwortlich sind oder zumindest damit zusammenhängen, dass der eine noch lebt, der andere hingegen nicht, der eine noch selbstständig trotz seines hohen Alters von zwischenzeitlich mindestens 82 Jahren seinen Haushalt führt und der andere pflegebedürftig wurde, der eine an Alzheimer erkrankte und der andere nicht. Um solche „Risikofaktoren" herauszufinden, muss man komplexe Rechenverfahren durchführen. Aus ihnen kann man jedoch viel lernen, falls man durch eigenes Handeln auf sie Einfluss nehmen kann.

3.4 Risikofaktoren für Unselbstständigkeit

Es ist unbestritten, dass Multimorbidität, d.h. an mehreren Krankheiten gleichzeitig zu leiden, ursächlich für einen raschen Eintritt in die Pflegebedürftigkeit und damit Unselbstständigkeit ist. Aber sind die vielen Krankheiten allein darüber entscheidend, ob man früher oder später seine

Selbstständigkeit verlieren wird? Die folgende Tabelle zeigt hierzu die wichtigsten Studienergebnisse:

Merkmal	Risiko
Schlaganfall	2,4-fach
Depression	2,0-fach
Schlechte Befindlichkeit	1,9-fach
Schlechtes visuelles Gedächtnis	1,9-fach
Bluthochdruck	1,7-fach
Multimorbidität	1,6-fach
Wenig SimA®-Aktivitäten	1,6-fach
Schlechte Alltagsbewältigung	1,6-fach
Wenige Fitnessaktivitäten (geistig + körperlich)	1,6-fach
Schlechte Ernährung	1,0-fach

Tabelle 1: Risikofaktoren für Unselbstständigkeit

Wie liest man eine solche Tabelle?

- z.B. Schlaganfall: Wer zu Beginn der SimA®-Studie bereits einen Schlaganfall gehabt hatte, der hatte ein 2,4-fach erhöhtes Risiko, bis 1998 unselbstständig zu werden.
- z.B. Ernährung: Bei 75-Jährigen und Älteren spielt die Art der Ernährung in Bezug auf den Erhalt von Selbstständigkeit keine Rolle (Risiko ungefähr 1).
- Aber: Wer sich ungesund ernährt, zu fett isst, zu viel Alkohol trinkt usw. wird normalerweise nie 75! Eine relativ gesunde Ernährungsweise in jüngeren Jahren vo-

rausgesetzt, spielt die Art der Ernährung und auch die Ausgewogenheit (z.B. vegetarisch oder vollwertig) in höheren Jahren eher keine große Rolle mehr. Jedoch auch unsere Teilnehmer nahmen, wie die meisten heute, eher zu viele Kalorien zu sich; hier könnte man ohne weiteres halbieren. Extreme Mangelernährung oder Fehlernährung trat bei unseren Studienteilnehmern nicht auf.

Was lehrt uns diese Tabelle?

- Schlaganfall, Depression, Bluthochdruck, eine insgesamt schlechte Gesundheit und viele Krankheiten machen ohne Zweifel früher unselbstständig. Dies bestätigt die landläufige Meinung.
- Zugleich wird diese aber auch widerlegt: Wie man sich fühlt (Befindlichkeit), ob das Gedächtnis funktioniert, ob man bei SimA® aktiv ist und etwas für seine geistige und körperliche Fitness tut, ist mindestens genauso wichtig! Und hier kann der Einzelne viel mehr tun als er glaubt und auf sein Schicksal Einfluss nehmen!

Die Krankheiten sind also nur die „halbe Miete"! Für die zweite Hälfte kann man etwas tun und ist damit selber verantwortlich!

3.5 Risikofaktoren für Demenz

Demenz bedeutet immer Verlust an Selbstständigkeit und Alltagskompetenz. Eine neuere Studie einer großen deutschen Krankenkasse konnte eindrucksvoll belegen, dass Alzheimer, Schlaganfall und Inkontinenz zu den Erkrankungen zählen, die am häufigsten zu Pflegebedürftigkeit führen. Die Alzheimer-Demenz steht hier an erster Stelle.
Deshalb sollte man die wichtigsten Risiken kennen, um durch seinen Lebensstil entgegenwirken zu können.

Merkmal
Alter
Geringes Bildungsniveau
Weibliches Geschlecht
Familiäre Belastung (bestimmte Gene)
Alkoholmissbrauch
Wenig geistige Aktivität
Wenig körperliche Aktivität (z.B. weniger als 2 km pro Tag laufen)
Diabetes mellitus
Übergewicht
Depression
Rauchen
Bluthochdruck (besonders im mittleren Lebensalter)
Erhöhte Blutfette (besonders im mittleren Lebensalter)

Tabelle 2: Risikofaktoren einer Demenzerkrankung

Die Risikoerhöhungen bewegen sich dabei im Bereich zwischen einer Verdreifachung und einer Verdoppelung des Erkrankungsrisikos.

Was lehrt uns diese Tabelle?
Sie lehrt uns, dass das Risiko eine Demenz zu bekommen deutlich steigt

- mit zunehmendem Alter
- bei einer geringen Bildung
- bei Frauen
- mit bestimmten Genen und in bestimmten Familien
- bei Alkoholismus
- bei wenig körperlicher und geistiger Aktivität
- bei schlecht eingestelltem Diabetes und
- bei Übergewicht.

Beim Rauchen, bei Bluthochdruck, Depression und bei erhöhten Blutfetten ist sich die Wissenschaft noch nicht sicher.

Was heißt das? In wenigen Fällen (ca. 3-5%) spielt tatsächlich eine erbliche Veranlagung eine Rolle. Je älter wir werden, desto größer wird das Risiko, insbesondere bei den Frauen. Warum aber Frauen? Offensichtlich, weil der wichtigste Einflussfaktor die Bildung darstellt. Frauen heute im Alter ab 80 Jahren sind die Jahrgänge bis 1930. Zu dieser Zeit war für die meisten Mädchen der Besuch eines Lyzeums (entspricht der Mittleren Reife) der höchst mögliche Bildungsabschluss. Frauen waren also stets schlechter und unter ihren Möglichkeiten ausgebildet und damit auch zu wenig gefordert. An der Universität Stuttgart, einer damals Technischen Hochschule, wurde z.B. die erste

Frau im Jahre 1913 immatrikuliert. Wer sein Gehirn lebenslang fordert und die vorhandenen Möglichkeiten nicht brach liegen lässt, bleibt länger selbstständig, bekommt damit nach Meinung der Fachleute, wenn überhaupt, später eine Demenz, und der Krankheitsverlauf bis zum Tod wird verkürzt. Dies gilt natürlich auch bei einer geistig fordernden, d.h. anspruchsvollen Berufstätigkeit. Deshalb wird bei Untersuchungen in der Regel der Einfluss von Geschlecht, Alter und Bildung berücksichtigt.

So wurde auch im Rahmen der SimA®-Studie eine Risikoanalyse erstellt, bei der o.g. Einflussfaktoren herausgerechnet wurden. Die Ergebnisse sind auszugsweise in Tabelle 3 dargestellt:

Merkmal	**Risiko**
Langsames Verarbeitungstempo	3,1-fach
Schlechtes logisches Denken	3,0-fach
Schlechtes assoziatives Gedächtnis	3,0-fach
Schlechtes visuelles Gedächtnis	2,9-fach
Ausgeprägte Frühsymptome	2,8-fach
Schlechte körperliche Leistungsfähigkeit	2,5-fach
Wenig Wissen	2,3-fach
Diabetes	2,2-fach
Viele Alterungssymptome	2,0-fach

Tabelle 3: Risikofaktoren für Demenz (aus SimA-Studie)

Das Risiko, eine Demenz zu bekommen, steigt deutlich, wenn man:

- im „Kopf zu langsam“ ist,
- sich nichts merken kann,
- wenig weiß,
- viele Frühsymptome hat, also schon früh z.B. an Vergesslichkeit leidet und nichts dagegen tut,
- körperlich wenig leistungsfähig ist (warum auch immer) und
- Diabetes hat.

Man kann also selbst etwas tun! Zumindest, um den Verlauf zu verlangsamen und damit entweder später oder in seinem „normalen Leben“ überhaupt nicht an einer Demenz zu erkranken: z.B. durch ein SimA®-Training. Auch gegen den „Alters-Diabetes“ kann man etwas tun: z.B. eine bestimmte Diät einhalten. Hier sollte man sich aber von seinem Arzt beraten lassen.

Unser Gehirn altert also wahrscheinlich unterschiedlich schnell, je nachdem, ob man dessen Möglichkeiten ein Leben lang nutzt oder nicht. Erst wenn die Hirnleistung unter einen Schwellenwert von ca. 50% sinkt, haben wir keine Ausgleichsmöglichkeiten mehr und werden von heute auf morgen zum Demenzpatienten. Hält man sich jedoch körperlich und geistig fit, so stehen einem die 50% Reserven länger und leichter zur Verfügung.

Das SimA®-Gedächtnis- und Psychomotorik-Training hilft dabei!

3.6 Schutzfaktoren vor Demenz

Was verzögert Alzheimer?

Aus mehreren großen Studien über das Freizeitverhalten von Senioren lässt sich die folgende Tabelle ableiten, in der sich einiges aus dem vorher Dargestellten wiederholt. Das Risiko, in den nächsten 5 bis 10 Jahren Alzheimer zu bekommen, sinkt auf ein Drittel bis zur Hälfte bei:

Merkmal
anspruchsvoller Berufstätigkeit,
aktivem Reisen,
Stricken schwieriger Muster,
geplanter Gartenarbeit,
häufigem (strategischen) Spielen, wie z.B. Schach, Backgammon oder Bridge,
regelmäßigem Spielen eines Musikinstrumentes sowie dem Üben neuer Stücke,
anspruchsvollem Tanzen,
Vereinsarbeit im Vorstand,
mindestens 2 km täglich Laufen,
moderatem Alkoholkonsum.

Tabelle 4: Schutzfaktoren vor Demenz

Nicht schützend dagegen sind:

Merkmal
ständige Routinetätigkeiten,
häufiger und ausgiebiger TV-Konsum,
das Spielen wenig anspruchsvoller Spiele,
das Lösen von Kreuzworträtseln,
das Spielen immer gleicher Musikstücke,
die passive Mitgliedschaft in einem Senioren-Club
zu wenig Bewegung (weniger als 400 m pro Tag)
zu hoher Alkoholkonsum

Tabelle 5: Nicht-protektive Aktivitäten

Auf den Punkt gebracht: Alles was anspruchsvoll ist, was neu ist, was uns fordert sowie regelmäßige Bewegung und natürlich auch eine Berufstätigkeit, die wenig Routineabläufe beinhaltet, schützt uns vor Alzheimer. Jegliche Routine sowie geistige und körperliche Passivität sind dagegen schädlich.

Mit einer Ernährungsumstellung kann Alzheimer nach derzeitigem Wissensstand nicht vorgebeugt werden. Regelmäßiger Kaffeegenuss schadet nicht und kann eventuell protektiv sein; die Meinungen gehen hier noch auseinander. Gesichert scheint dagegen der günstige Schutzeffekt eines moderaten Alkoholgenusses zu sein. Die Art des Alkohols scheint dabei keine Rolle zu spielen. Es muss also nicht immer der häufig zitierte teure Bordeaux-Wein sein; aber die Menge ist entscheidend:

Frauen: 1 Glas Wein (0,25 l) oder 1 Glas Bier (0,5 l) pro Tag.
Männer: das Doppelte.

Was darüber hinausgeht, ist schädlich und erhöht bei Missbrauch das Risiko deutlich!

An dieser Stelle auch noch einige Anmerkungen zur Ernährung und zu Nahrungsergänzungsmitteln, insbesondere zu bestimmten Vitaminen.

Hier gilt generell: Alles was man hierzu lesen kann, gilt in der Wissenschaft nicht als erwiesen; dies gilt auch für die „Wunderwirkung" von Vitamin D in Bezug auf Alzheimerprävention. Vitamin D kann ohnehin nur bis zu 10% des Tagesbedarfs durch Ernährung (z.B. Heringe oder Lebertran) bzw. durch eingenommene Tabletten abgedeckt werden. Wer sich täglich circa 5-15 Minuten im Freien aufhält und Sonnenlicht (das auch durch die Wolken strahlt) an seine Haut heranlässt, hat ohnehin keinen Mangel, auch wenn die massive Reklame bestimmter Marketingfirmen Gegenteiliges suggerieren möchte.

Kurz zusammengefasst:
Wer Routinen vermeidet, sich regelmäßig körperlich und geistig fordert und beinflussbare Risikofaktoren, wie z.B. Diabetes, Übergewicht und Alkoholmissbrauch minimiert, reduziert sein Demenzrisiko. Man kann also etwas tun!

SimA®
als Botschaft

4 SimA® als Botschaft

Abbildung 15: Länger selbstständig!

Für eilige Leserinnen und Leser sei das bisher Gesagte kurz zusammengestellt. Langjährige wissenschaftliche Forschungen in Bezug auf den Erhalt von Selbstständigkeit im höheren Lebensalter haben Folgendes ergeben:

1. Trotz Krankheiten kann man seine Selbstständigkeit lange erhalten.
2. Hierzu muss man sein Gehirn und seinen Körper fit halten.

3. Dies am besten ein Leben lang.
4. Besonders wichtig aber ab dem 50. Lebensjahr, da hier die ersten deutlichen Defizite, besonders im Gedächtnisbereich, auftreten.
5. Wer nur sein Gedächtnis trainiert, bleibt nicht länger selbstständig.
6. Wer nur Sport treibt, ebenfalls nicht.
7. Man muss täglich Kopf und Körper trainieren.
8. Der alte Spruch „Wer rastet, der rostet!“ muss deshalb neu geschrieben werden, er muss in Zukunft lauten: „Wer geistig und körperlich rastet, der rostet!“
9. Auch wer erst mit 75 Jahren oder 80 Jahren mit den Übungen beginnt, kann noch fünf gute Jahre mit Lebensqualität hinzugewinnen.
10. Das SimA®-Programm ist hierfür nachweislich besonders geeignet.
11. Auch wenn mit zunehmendem Alter Krankheiten zu Einschränkungen führen, ist es wichtig, im Kopf fit zu bleiben.
12. Bis zu 40% all derjenigen, die 85 Jahre werden, bekommen aber Alzheimer oder andere Demenzen.
13. Auch hier kann man die häufig schon sehr früh beginnenden Prozesse um viele Jahre durch gezielte kombinierte Gedächtnis- und Psychomotorikübungen hinauszögern, vielleicht sogar ganz vermeiden, da wir ja alle nicht ewig leben.
14. Ganz wichtig ist es, gegen Symptome wie „man kann sich alles immer schlechter merken“ und „man wird im Kopf immer langsamer“, frühzeitig durch ein wis-

senschaftlich konzipiertes Training wie SimA® etwas zu tun.

15. Wichtig ist dabei, wie man sich fühlt. Wer sich fit und jünger fühlt als er ist, bleibt länger selbstständig. Auch hierzu kann unser Übungsprogramm im hinteren Teil des Buches verhelfen, wenn man die Übungen täglich durchführt.
16. Bildung und anspruchsvolle Berufstätigkeit sind ebenfalls ein Schutz vor Alzheimer und anderen Demenzen. Allerdings nur, wenn man sich immer wieder aufs Neue fordert, nicht wenn man in Routine erstickt.
17. Höre deshalb nie auf, etwas Neues anzufangen, und fange nie an aufzuhören!

An diese Stelle passt gut ein Zitat aus einer renommierten wissenschaftlichen Zeitschrift:

> *„Das Gehirn zu trainieren seit der Jugend ist eine lebenslange Tugend. Fährst du fort, dies zu betreiben, so wird es dir erhalten bleiben."*
>
> *Rosenzweig und Bennett (1996)*

Also:

Gebrauche es oder verliere es!
Use it or lose it!

Auch Cicero hat in seinem Werk „Cato maior de senectute" schon geschrieben:

„[...] Manent ingenia senibus, modo permaneat studium et industria, neque ea solum in claris et honoratis viris, sed in vita etiam privata et quieta. [...]“

(„[...] Alten Menschen bleiben ihre Geistesgaben erhalten, wenn ihnen nur ihr Eifer und ihr Fleiß erhalten bleibt, und das gilt nicht nur bei berühmten und geehrten Persönlichkeiten, sondern auch im ruhigen, privaten Leben. [...]“)

Cato maior de senectute (22)

Die folgende Teilnehmerin stieß mit 80 Jahren zu SimA®. Sie war bis zu ihrem Tode mit 90 Jahren körperlich und geistig fit und aktiv. Mit 75 Jahren machte sie das letzte Mal das goldene Sportabzeichen.

Abbildung 16: Eine aktive SimA®-Teilnehmerin

Mein Gedächtnis lässt nach

5 Mein Gedächtnis lässt nach

5.1 Veränderung unserer Gedächtnisfunktionen mit dem Alter

Wir haben schon im 2. Kapitel gelernt, dass wir in unterschiedlichen Funktionen unterschiedlich altern. Für unsere Denk- und Gedächtnisfunktionen gilt:

- In **kristallinen** (bildungsabhängigen) Funktionen kann man bis ins höchste Alter zulegen, z.B. Gedichte auswendig lernen, sich Einzelheiten von Interessantem merken, altes Wissen erweitern.
- In **flüssigen** (geschwindigkeitsabhängigen) Funktionen beginnen dagegen erste Defizite um das 30. Lebensjahr. Das heißt: Mit zunehmenden Alter geht alles langsamer. Man braucht für tägliche Arbeiten mehr Zeit und reagiert langsamer.

Diese Vorstellung findet sich nahtlos auch im Gedächtnisbereich wieder.

5.2 Gedächtnis, was ist das?

Wenn dem so ist, dann gibt es nicht das Gedächtnis, sondern unterschiedliche Gedächtnisfunktionen. Diese altern auch unterschiedlich!

Die folgende Abbildung zeigt ein heute wissenschaftlich akzeptiertes Modell:

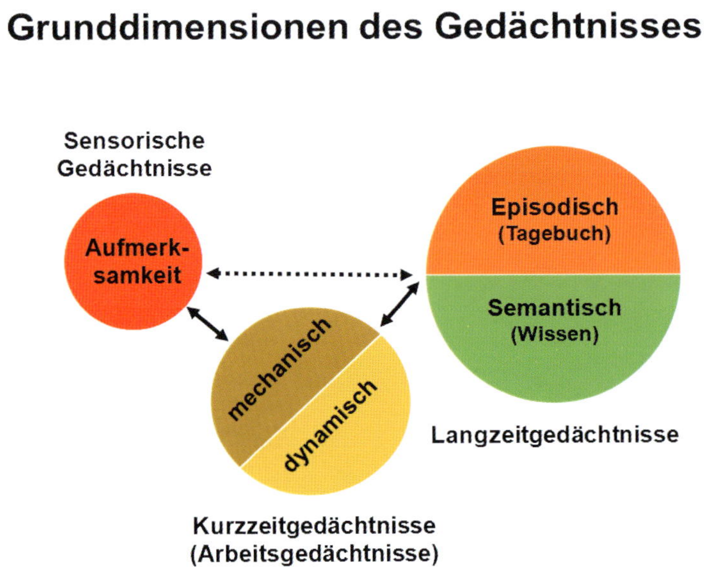

Abbildung 17: Grunddimensionen des Gedächtnisses

Diesem Modell kann man entnehmen, dass wir heute mindestens drei große Gedächtnisbereiche unterscheiden, die sich wiederum weiter unterteilen in:

- die sensorischen Gedächtnisse,
- die Kurzzeitgedächtnisse (Arbeitsgedächtnisse) und
- die Langzeitgedächtnisse.

Die **sensorischen Gedächtnisse** stellen unsere Aufmerksamkeit dar, z.B. beim Sehen, beim Hören, beim Fühlen. Sie entscheiden, ob etwas aus unserer Umgebung auch wahrgenommen wird, d.h. in unser Bewusstsein eindringen darf oder nicht.

Die **Kurzzeitgedächtnisse** oder Arbeitsgedächtnisse stellen letztlich unser Bewusstsein dar. Wir sind in der Lage, für ca. 10 Sekunden die Welt anzuhalten, also uns etwas bewusst zu machen. In dieser Zeit muss auch entschieden werden, ob die Information gleich wieder vergessen werden soll, ob sie eine Weile unser Bewusstsein beschäftigen soll (memorieren) und ob sie in einer vorher verdichteten Form (organisieren) oder bildhaft ausgearbeiteten Form (elaborieren) in die Dauergedächtnisse gelangen soll. Deshalb gibt es auch hier zwei „Gedächtnisse": Ein fluides und dynamisches, in dem die Prozesse stattfinden, bei denen Inhalte bearbeitet werden müssen (Arbeitsgedächtnisse) und ein kristallines, mechanisches, welches wir nur für das mechanische Auswendiglernen benutzen.

Die **Langzeitgedächtnisse** speichern auf Dauer alles, was wir uns merken wollen und müssen, und dies in mindestens zweierlei Formen:

- in Form einer Beschreibung in Worten (*semantisches* Langzeitgedächtnis) und
- in Form eines Tagebucheintrages, d.h. wann und wo wir an diese Information kamen (*episodisches* Langzeitgedächtnis). Ohne diesen Eintrag würden wir die Information, wie in einem unbeleuchteten Keller, in dem alles auf einen Haufen geworfen wird, nur per Zufall jemals wieder finden.

Natürlich sind die einzelnen Modellteile immer miteinander vernetzt und „reden" miteinander:

- Bevor uns etwas bewusst wird, wird zunächst im Langzeitgedächtnis nach bereits Bekanntem gesucht.
- Wird dort etwas gefunden, so wird dieses einfach abgerufen. Der Abruf ergänzt nun unsere Wahrnehmung oder tritt sogar an ihre Stelle.

Dies ist mitunter der Grund, warum z.B. jeder nach einem Unfall etwas anderes „gesehen“ hat und oft auch sofort meint zu wissen, wer schuld war. Letzteres haben wir so in Form bestimmter Vorurteile über Fußgänger, Motorradfahrer oder Besitzer bestimmter Automarken usw. natürlich längst abgespeichert.

Trotzdem sei die Frage erlaubt, ob man solche computerähnlichen Modelle wirklich auf den Menschen übertragen kann. Als Denkmodell zur Veranschaulichung ist dies durchaus praktikabel. In Wirklichkeit sind aber in unserem Gehirn die Übergänge zwischen den einzelnen Gedächtnisfunktionen eher fließend, d.h. man kann sie zeitlich und inhaltlich nicht präzise bestimmen. So folgt z.B. nach ca. 10 Sekunden „Bewusstseins- oder Kurzzeitgedächtnisspanne“ die ca. eine Stunde währende Phase, in der die Informationen erst dauerhaft ins Langzeitgedächtnis eingebunden werden müssen. Demnach kann erst nach ca. einer Stunde ohne Störung und Ablenkung etwas dauerhaft gemerkt werden und deshalb behalten wir Gelerntes nach einem „Schlaf“, d.h. ohne Ablenkungen und Störungen, besser.

„Fünf statt zwei“:

In Wirklichkeit ist alles noch ein bisschen komplizierter. Wir stellen uns nicht nur zwei, sondern **fünf Langzeitge-**

dächtnisse vor: Neben den in Worten fassbaren oder vorstellbaren Inhalten müssen natürlich auch die Bewegungen (z.B. Ski fahren, im Auto einen Gang höher schalten) auf Dauer gespeichert werden. Aber auch Sinneseindrücke, z.B. an einen stimmungsvollen Abend, werden in einem zusätzlichen Langzeitgedächtnis eingetragen.

Abbildung 18: Langzeitgedächtnisse

Das **Episodische Langzeitgedächtnis** enthält, chronologisch geordnet, emotional gefärbte Erinnerungen an Ereignisse der individuellen Lebensgeschichte. Sie liegen z.B. in Rimini 14 Tage am Strand neben jemandem und erkennen ihn zu Hause ohne das Erkennungsmerkmal Badehose nicht mehr. Wenn Sie jedoch in Ihrem „Tagebuch“-Gedächtnis den Eintrag „Rimini“ finden, ist alles wieder da.

- Im „Tagebuch“ steht, wo wir welche Informationen gespeichert haben.
- Dabei gilt: Mehrere „Tagebuch“-Einträge an unterschiedlichen Stellen sind besser als einer, weil man dann von verschiedenen Seiten her die Information wieder finden kann. So kann man den obigen Urlaub natürlich auch unter „Italienreise“ oder dem „Beruf“ des Liegestuhlnachbarn oder unter einem besonders bemerkenswerten „Abendessen am Strand“ ablegen.

Im **Semantischen Langzeitgedächtnis** werden Schul- und Weltkenntnisse gespeichert, d.h. alles, was sich in Worte fassen lässt.

Im **Prozeduralen Langzeitgedächtnis** finden sich die Programme für eintrainierte Bewegungsabläufe (Ski fahren, Kuppeln).

Im **Priming Langzeitgedächtnis** werden Sinneseindrücke (Farben, Formen, Gerüche etc.) gespeichert, die ähnlich erlebte Situationen in Erinnerung rufen.

Im **Perzeptuellen Langzeitgedächtnis** sind Gemeinsamkeiten und Ähnlichkeiten gespeichert. Dieses hilft uns, z.B. unterschiedlichste Fahrzeugtypen als „Auto“, Menschen als uns bekannte Personen, eine bestimmte Gegend auch in unterschiedlichen Jahreszeiten usw. zu erkennen.

Natürlich könnte man über diese Einteilungen streiten, wenn nicht die Neuropsychologen und Hirnforscher Zuordnungen zu bestimmten Hirnarealen gefunden hätten:

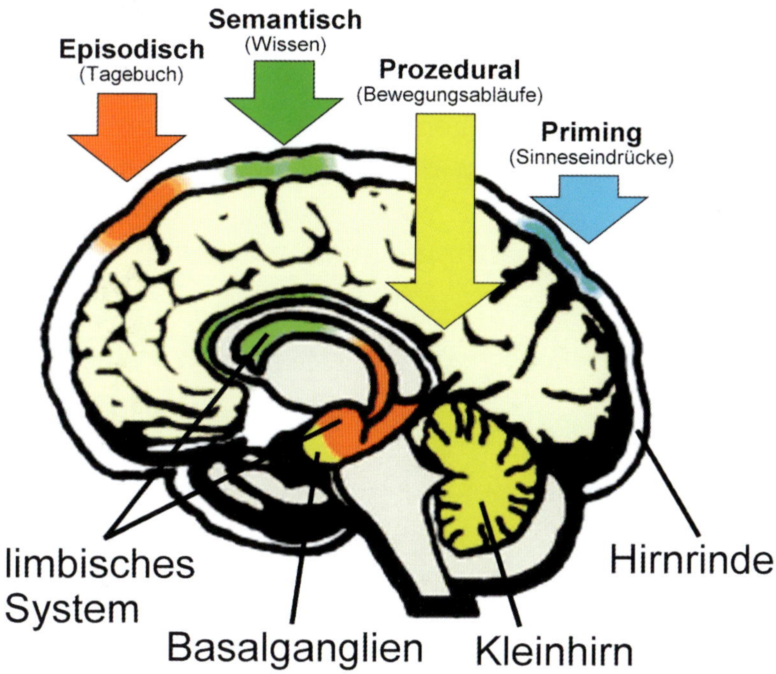

Abbildung 19: Elemente des Langzeitgedächtnisses und deren Zuordnung

- Das Prozedurale **Langzeitgedächtnis** findet man im Kleinhirn.
- Unser „Wissen“, das „Tagebuch“ („Episodisches **Langzeitgedächtnis**“) und das „Priming **Langzeitgedächtnis**“ befinden sich in der Hirnrinde. Aber an völlig verschiedenen Stellen: das Tagebuch vorne, das Wissen zentral, d.h. in der Schädelmitte, und das Priming **Langzeitgedächtnis** hinten am Gehirn.
- Etwas schwieriger ist es beim Perzeptuellen **Langzeitgedächtnis**: Dieses ist in der Hirnrinde angesiedelt, abhängig vom Sinnesorgan jedoch an unterschiedlichen Orten.

- Aber: Immer ist das Limbische System mit beteiligt. Das ist der hammerförmige tiefere Teil des Gehirns, durch den alle Informationen hindurch müssen. Hier finden die ersten Schaltungen statt, hier wird entschieden, ob etwas überhaupt an die Hirnrinde weiter geleitet und uns damit bewusst wird. Hier kommt es aber auch leicht zu Fehlschaltungen, weil hier auch die Gefühle zu Hause sind!
- Nur wenn in bestimmten Bereichen des Limbischen Systems Gleichklang herrscht, gehen Informationen in das Dauergedächtnis.
- Dabei dürfen weder starke Affekte stören,
- noch andere neue Lerninhalte, bevor die alten dauerhaft bearbeitet sind.

5.3 Wo altern wir im Gedächtnis, wo nicht?

Wichtig für ein wissenschaftlich fundiertes Gedächtnistraining ist vor allem das Wissen um jene Gedächtnisfunktionen, bei denen die deutlichsten Veränderungen mit dem Alter zusammen auftreten. Hier muss das Training besonders intensiv einsetzen. Ein Nachlassen von Gedächtnisleistungen ab dem 50. Lebensjahr um ca. 25% bis zum 75. Lebensjahr gilt dabei als normal, starke Veränderungen sprechen hingegen eher für demenzielle Prozesse.

Betroffen hiervon sind insbesondere:

- die sensorischen Speicher,
- die dynamischen Kurzzeitfunktionen und
- der episodische Langzeitspeicher („Tagebuch“).

Davon werden besonders beeinträchtigt:

- die Wahrnehmung und Konzentration,
- das Bearbeitungstempo im Kurzzeit- oder Arbeitsgedächtnis,
- die Qualität der Bearbeitung, was zu einer unsystematischeren Organisation im Wissensgedächtnis führt und
- das Wiederfinden von Gedächtnisinhalten.

Bei Alzheimer-Patienten verlaufen diese Verluste besonders dramatisch und wirken sich am deutlichsten im Episodischen Gedächtnis und im Langzeitgedächtnis auf neue Informationen aus. So wissen diese Kranken häufig unmittelbar nach dem Essen schon nicht mehr, dass und was sie gegessen haben. Sie sind räumlich und zeitlich desorientiert. Alte Informationen aus der Jugendzeit bleiben dagegen lange erhalten. Ja, manches kommt jetzt erst richtig hoch, da es vorher durch die tägliche neue Flut an Informationen weitgehend zugedeckt wurde.

5.4 Wie viel Information verträgt das Gedächtnis?

In unseren Augen, unseren Ohren und den anderen Sinnesorganen kommen pro Sekunde unfassbare Mengen an Informationen an. Die meisten werden überhaupt nicht wahrgenommen. Nur was uns interessieren könnte, weckt unsere Aufmerksamkeit. Nur wenig davon wird aufgenommen, um zunächst im Langzeitgedächtnis einen Abgleich mit dem dort vorhandenen Wissen zu machen. Ist die neue Information interessant, so wenden wir uns ihr jetzt zu und holen zugleich alles bereits Bekannte hervor.

Beides, das Neue und das bereits Bekannte, wird uns im Kurzzeitgedächtnis für ca. 10 Sekunden bewusst gemacht.

Hier herrscht aber drangvolle Enge, denn hier finden gerade einmal ein durchschnittlich langer Satz, sieben Ziffern oder sieben Elemente Platz. Verbildlichen kann man sich diesen Vorgang mit Schubkästen. Jeder Kasten, dessen Beanspruchung nicht unbedingt nötig ist, wird nach 10 Sekunden wieder geleert, während vorne der nächste gefüllt wird – wie an einem Förderband. Dummerweise ist der Zugang zum Dauergedächtnis viel zu klein, hier kann alle 10 Sekunden gerade mal ein Kasten durchgeschoben werden. Viele Fachleute meinen sogar nur ein halber. Der Rest wird sofort wieder vergessen.

Wie lernt man trotzdem größere Datenmengen?

Hierzu gibt es drei Möglichkeiten:

- Man lässt solange vorne keine neuen Informationen mehr hinein, bis der letzte Kasten im Dauergedächtnis angekommen ist. Wie bei einem Schaufelradbagger: Auf jede Schaufel kommt ein Deckel und das Ganze dreht sich solange, bis alles im kleinen Zufluss zum Langzeitgedächtnis verschwinden kann. Jeder kennt dies als das Phänomen „Es geht mir im Kopf herum“. Manchmal verstopft dabei auch der kleine Zufluss zum Langzeitgedächtnis; damit ist man im Kopf durch einen Gedanken, eine Melodie, ein Ereignis, an welches man unentwegt denken muss, ziemlich blockiert.
- Man lernt langsam und lässt nur so viel Information hinein, dass Zufluss und Abfluss übereinstimmen. Dies

geschieht im „mechanischen Kurzeitgedächtnis“, zum Beispiel beim mechanischen Lernen eines Gedichtes.

- Man verändert und verdichtet die Information in den 10 Sekunden oder reduziert sie auf das wesentlich Neue, weil im Dauergedächtnis der Rest schon vorhanden ist; oder man verknüpft sie z.B. mit einem bekannten Bild. Häufig merken wir uns auch nur eine „Theorie“, d.h. eine verbale Beschreibung (weit, hoch, unsympathisch usw.), die wenig Platz braucht, aber es uns später erlaubt, die Bilder wieder herzustellen – immer mit dem Ziel, die Information durch das kleine Loch zum Langzeitgedächtnis hindurchzubringen. Dies passiert im dynamischen Kurzzeit- oder Arbeitsgedächtnis. Hier eilt es, weswegen in diesem Gedächtnisbereich die Informationsverarbeitungsgeschwindigkeit eine wichtige Rolle spielt.

Um all diese Prozesse nicht zu stören, werden vorne, sprich an z.B. unseren Augen und Ohren weniger Sinnesreize wahrgenommen. Wir konzentrieren uns ganz auf die eine Sache, die wir uns merken wollen, und lassen uns nicht von Neuem stören. Wenn uns das nicht gelingt – was wir natürlich beeinflussen können –, dann haben wir bis zum nächsten Morgen alles wieder vergessen.

Und nun zum Langzeit- oder Dauergedächtnis. Dieses stellen wir uns eigentlich als unendlich großen Speicher vor, unterteilt, wie wir schon gehört haben, in verschiedene Abteilungen oder Regale. Die Informationen, die wir im motorischen Regal aufbewahren, sind dort ziemlich dauerhaft gelagert. Wenn man einmal Radfahren kann, dann verlernt man das nicht wieder, Gleiches gilt z.B. fürs Skifahren oder das Schalten eines Autos. Trotzdem, wenn man jahrelang etwas nicht mehr ausgeübt hat, laufen die Prozesse nicht ganz so flüssig. Dies kann auch mit unserer Motorik zu tun haben, die nicht mehr in Übung ist. Im Kleinhirn bzw. im motorischen Speicher liegen nur die Programme, die Ausführung erfolgt natürlich durch die Muskeln, die womöglich nicht mehr für die geforderten Bewegungsabläufe trainiert sind.

Ähnlich dauerhaft ist wahrscheinlich auch unser Wissen gespeichert. Trotzdem vergessen wir viel, weil wir nicht mehr an die Information herankommen, was mit den fehlenden Einträgen im Tagebuch zusammenhängt. Wenn ich nicht weiß, wo etwas im Regal abgelegt ist, wie soll ich es dann finden? Und um alles zu durchsuchen, haben wir keine Zeit. Vieles was wir mechanisch gelernt haben, Einkaufslisten zum Beispiel, wollen wir natürlich gar nicht wieder finden. Und wenn über viele Jahre hinweg die Information nie mehr aus dem Regal genommen wird, dann verblasst sie langsam. Dies ist der normale Vergessensvorgang. Schon die alten Griechen wussten, dass „Engramme" (mit dem Finger in eine Wachstafel eingravierte Texte), wenn man sie der Sonne und dem Sand aussetzt, allmählich verschwinden.

An manche Ereignisse erinnern wir uns im Laufe der Zeit immer „freundlicher", besonders, wenn es unangenehme Ereignisse waren, in denen wir starke negative Gefühle hatten. Diese Tendenz zur „Guten Gestalt" wurde schon in den zwanziger Jahren des letzten Jahrhunderts an der Universität Würzburg erforscht. Jedes Mal, wenn wir den alten Vorgang ins Bewusstsein abrufen, wird er neu bearbeitet, geputzt, ein bisschen geglättet und dann wieder neu abgespeichert, das Alte also überschrieben.

Einige Beispiele:

- Wir merken uns Telefonnummern im Umfang von 7 ± 2 Ziffern, das kann jeder selbst ausprobieren. Wenn wir jung sind, eher 7+2, wenn wir älter werden, eher 7-2!
- Das Kurzzeitgedächtnis, also unser Bewusstsein, ist bei Jugendlichen ca. 10 Sekunden lang. Der Umfang reduziert sich mit zunehmendem Alter auf bis zu 5 Sekunden.
- Deswegen müssen die Telefonnummern kürzer werden. Aus dem gleichem Grund verstehen ältere Menschen auch unsere langen Sätze nicht mehr und werden misstrauisch: Der Anfang des Satzes ist schon vergessen, während das Ende noch gar nicht gesagt wurde.
- Wenn wir als Erwachsener an einen Ort unserer Jugend zurückkommen, so wundern wir uns häufig, dass unsere „inneren Bilder" nicht stimmen. Die sagen, die Häuser waren groß, zum Nachbarn war es weit usw. Die Wirklichkeit jedoch ist genau umgekehrt. Woran liegt das? Es liegt eben daran, dass wir keine Bilder speichern wie der Computer, sondern „Theorien" (z.B. hoch, weit), die uns helfen, die Bilder zu rekonstruieren. Da die Perspektive als Erwachsener eine andere ist als die eines Kindes, können natürlich auch die „Theorien" nicht mehr übereinstimmen.
- Viele Leute können sich angeblich keine Namen merken. Wenn sie aber ehrlich zu sich sind, dann können sie feststellen, dass sie schon wenige Sekunden nach der Vorstellung den Namen nicht wussten. Sie haben ihn also nicht vergessen, sondern sie haben ihn sich nie gemerkt, weil sie unaufmerksam waren. Viele Gedächt-

nisprobleme haben mit unserer Unaufmerksamkeit zu tun. Was kann man in diesem Fall anders machen? Man müsste sich den Namen erst einmal bewusst machen, mindestens einmal aussprechen und noch besser sich bildhaft vorstellen. Aber darauf kommen wir noch.

5.5 Und wenn der Platz nicht reicht: Ordnung ist das halbe Leben

Wir haben gehört, dass der Zugang zum Dauergedächtnis extrem klein ist. Wir müssen also häufig eine Vielzahl an Information erst in wenige Informationen umcodieren. Darunter versteht man die Übersetzung der von außen kommenden Informationen in interne, d.h. an unser bereits vorhandenes Wissen angepasste Informationen. Dies setzt natürlich ein „Reden" mit dem Langzeitgedächtnis voraus. Was gibt es dort schon alles, was liegt da schon alles in den Regalen? Reicht es vielleicht, wenn ich mir nur ein paar Hinweise in mein Tagebuch schreibe, auf das, was ich schon alles weiß?

Ich merke mir also keine bloße Kopie der Umwelt, das würde viel zu viel Platz wegnehmen, sondern erarbeite mir eine komprimierte Gedächtnis-Spur, wie auf einem Spickzettel. Dies nennt man „Codierung".

Kurz zum Spickzettel: Am Anfang war er mehrere Seiten lang, dann verdichteten wir den Stoff immer weiter, am Schluss blieb nur noch ein kleiner Zettel übrig. Auf den hätten wir auch verzichten können, denn wir hatten in der Zwischenzeit den Stoff verstanden, d.h. durch mehrfaches Einordnen die Zusammenhänge mit unserem Wissen hergestellt. Somit brauchten wir uns nur noch die Zusammenhänge oder „Theorien“ zu merken. Die aber nehmen wenig Platz ein, weil sie schon „verdichtet“ sind:

- Wir speichern keine Bilder, Sätze oder Bücher, sondern
- wir reduzieren die Information auf das Wesentliche und das wirklich Neue,
- häufig in Form einer „Theorie“ (z.B. groß, weit, hässlich).
- Abruf ist Rekonstruktion, nicht bloßes Abrufen!
- Codierung kann auf verschiedene Weise erfolgen, durch
    - Gruppieren und Ordnen. So reicht es häufig, wenn man sich nur die Oberbegriffe merkt („Großstädte“), statt alle Namen auswendig zu lernen)
    - Einbinden in sogenannte Eselsbrücken: „333 bei Issos Keilerei“
    - bildhafte Vorstellungen (man stellt sich beim Namen „Hahn“ tatsächlich bildhaft einen Hahn im Hühnerhof vor) und Gedächtnistafeln bzw. die Methode der Orte (im nächsten Kapitel)
    - das Herstellen von Zusammenhängen, d.h. mehrfaches Einbetten in das Vorhandene

5.6 Technik, Technik

> **„Viele klagen über ihr schwaches Gedächtnis, aber nur wenige über ihren schwachen Verstand.“**

Das heißt: Es mangelt am richtigen Umgang mit dem Gedächtnis. Wer aufmerksam das letzte Kapitel gelesen hat, weiß, was dies bedeutet. Unsere Gedächtniskapazitäten sind beschränkt, wir können sie aber ökonomischer ausnutzen und erhalten damit ein besseres „Gedächtnis“. Mit diesem Prinzip arbeiten übrigens alle „Gedächtniskünstler“. Werden Sie auch einer! Hier sei nur die „Locitechnik“, die „Technik der Orte“, erklärt. Sie eignet sich hervorragend zum Merken von z.B. Einkaufs- oder Namenslisten.

Beschrieben wurde sie das erste Mal von dem römischen Dichter Cicero in *De oratore* (2, 351ff). Cicero berichtet dort eine Begebenheit aus dem griechischen Altertum:

> *Da hatte ein Mann namens Simonides bei einem Bankett eines Adligen aus Thessalien ein Gedicht vorgetragen. Kaum war er fertig, wurde er aus dem Festsaal herausgeholt. Augenblicke später stürzte das Dach des Gebäudes ein. Alle Gäste wurden unter den Trümmern begraben und starben. Ihre Leichen waren so entstellt, dass man sie nicht mehr identifizieren konnte. Wie sollten da die verzweifelten Angehörigen ihre Toten finden? Simonides half ihnen dabei, denn er konnte sich genau daran erinnern, wo die einzelnen gesessen hatten.*

Aus dieser Erfahrung folgerte Simonides, dass man Objekte und Ideen besser ins Bewusstsein zurückrufen kann, wenn man ihnen bestimmte räumliche Positionen zuweist.

Damit war das Verfahren der „Loci-Methode“, der Methode der „Orte“, erfunden. Weil man dazu gedanklich immer eine bestimmte „Route“, d.h. einen bestimmten Weg abschreitet, nennt man dieses Verfahren auch „Routensystem“.

Wie geht man nun vor?

Man merkt sich einen Weg, den man „in- und auswendig“ kennt und nummeriert die einzelnen Positionen:

1. Wohnungstürschloss
2. Garderobe
3. Wohnzimmertür
4. Esstisch
5. Fernseher

Beim Merken durchwandert man mit seinem inneren Auge diese „Route“ (Weg) und legt Wort für Wort (der Reihenfolge nach) an den einzelnen Stationen ab oder verbindet sie zum Teil sogar mit einer Geschichte. Wichtig ist dabei, dass man die Reihenfolge einhält, also keinen Platz der Route auslässt.

Beim Wiederabrufen führt man sich den Weg erneut Stück für Stück vor Augen und findet an den einzelnen Stationen der Route die abgelegten Worte, Gegenstände usw. wieder.

Nach kurzer Übung kann das jeder. Wichtig ist nur, dass man zwischen dem zu Merkenden und dem Ort eine Verbindung herstellt als Bild oder als Idee oder als Geschichte.

Solche Memo-Techniken helfen uns, besser mit unseren begrenzten Möglichkeiten umzugehen. Sie beeinflussen aber nicht unsere Defizite, wie sie insbesondere in der Wahrnehmung und in den fluiden, dynamischen Gedächtnisleistungen auftreten. Hier helfen die SimA®-basic-Übungen (vgl. Kapitel 9: „Man nehme täglich ...", Seite 125).

Das Kalenderbuch

Sie kennen gewiss die dicken Kalenderbücher, in denen für jeden Tag des Jahres eine ganze Seite vorgesehen ist. So ein Kalenderbuch sollten Sie sich kaufen und in Zukunft täglich führen.

Abbildung 20: Kalenderbuch

Tragen Sie unter dem jeweiligen Tag alles ein, was für Sie wichtig ist:

- Aufgaben, die Sie erledigen wollen,
- Telefonnummern, die Sie anrufen wollen oder sich für die Zukunft merken wollen,
- Dinge, die Sie beim nächsten Einkauf nicht vergessen dürfen,
- Erinnerungen an demnächst anstehende Geburtstage, Familienfeste usw.,
- Termine (Arzt, Werkstatt),
- Informationen aus der Zeitung, die Sie nicht vergessen möchten (z.B. Empfehlungen zu Ihrer Steuererklärung),
- Ratschläge, Tipps und Hinweise aus dem Fernsehen, die Sie sich merken wollen (z.B. ein empfohlener Gasthof, ein Rezept usw.),
- die Besetzungsliste für ein Theaterstück, das Sie demnächst besuchen werden oder
- das Wichtigste in Stichworten aus einem Vortrag, den Sie an diesem Tag gehört haben.

Die Liste ließe sich beliebig fortsetzen. Das Prinzip dahinter ist ganz einfach:

Sie speichern in diesem Kalenderbuch alles, was Sie sich eigentlich merken wollten („Wissen“ oder „Semantisches Gedächtnis“) und dies in einer zeitlichen Zuordnung in Form eines Tagebuches („Episodisches Gedächtnis“).

Die Vorteile sind ganz eindeutig:

- Sie können sich jederzeit an alles, was in diesem Kalender steht, durch bloßes Blättern erinnern.
- Sie finden durch die zeitliche Zuordnung sehr schnell längst Vergessenes ("Ich muss mir das im März aufgeschrieben haben!")
- und verbessern das aktive Speichern im Dauergedächtnis. Dies geschieht schon allein durch das bloße Aufschreiben (Aufmerksamkeit und „Sensorische Gedächtnisse") und die Bearbeitung im „Kurzzeitgedächtnis".
- Darüber hinaus wird bei jedem Nachschauen die Einprägung ins Dauergedächtnis stabiler.
- Scheuen Sie sich dabei nicht, noch unerledigte wichtige Dinge in die aktuellen Tage nochmals als Erinnerung zu übertragen.

Bereits Hermann Ebbinghaus, einer der deutschsprachigen Pioniere in der Gedächtnisforschung, wusste 1885 in seinem Buch „Über das Gedächtnis", dass Übung das Behalten verbessert und das Vergessen reduziert.

Gedächtnisprobleme – kurz gefasst

6 Gedächtnisprobleme – kurz gefasst

Wiederum für den eiligen Leser die wichtigsten Erkenntnisse und Prinzipien zusammengefasst:

Es gibt nicht *das* Gedächtnis, es gibt unterschiedliche Gedächtnisfunktionen. Diese altern unterschiedlich. Man unterscheidet zwischen

- ***Sensorischen Gedächtnissen*** (für Sehen, Hören und Fühlen),
- ***Kurzzeitgedächtnissen*** (für mechanisches Auswendiglernen und dynamisches Bearbeiten, „Codieren“) und
- ***Langzeitgedächtnissen*** (für das Tagebuch, das Wissen, Bewegungsabfolgen und gefühlsbeladene Sinneseindrücke).

Wer nicht aufmerksam den Namen eines anderen wahrnimmt, kann sich diesen auch nicht merken! Wer sich nicht bemüht, vor dem Merken etwas zu denken, hat keine Chance, viel ins Langzeitgedächtnis zu bringen. Nur Dumme lernen Bücher auswendig! Wer „vergisst“, sich zu merken, wann und wo er sich etwas gemerkt hat, wird dies nie wieder finden.

In den oben genannten drei Bereichen „altern“ wir auch vorwiegend in den sensorischen Gedächtnissen, im mechanischen Kurzzeitgedächtnis und im „Tagebuch“. Deshalb setzt hier auch speziell das SimA®-Training an mit seinen täglichen Basic-Übungen, die in Kapitel 9 ab Seite 125 beschrieben werden. Zusätzlich kann man Gedächtnisleistungen durch Gedächtnis-Technik verbessern. Hierzu sollte man einen SimA®-Kurs besuchen. In der Gruppe lernt man das leichter und es macht mehr Spaß.

Wie bleibt man kompetent?

7 Wie bleibt man kompetent?

7.1 Warum ist Kompetenz im Alltag so wichtig?

Im Alltag muss man für Vieles kompetent sein. Kompetent, um einen Videorekorder zu bedienen, kompetent, um eine „E-Mail“ (einen elektronischen Brief übers Internet) zu versenden, kompetent, um „Online–Banking“ (das Erledigen seiner Geldgeschäfte am eigenen Computer) zu beherrschen, kompetent, um einen Fahrkartenautomaten zu bedienen, kompetent, um seine Gesundheit „zu managen“ oder kompetent, um soziale Kontakte zu knüpfen. Wer nicht kompetent ist, der wird sehr schnell zum Außenseiter in unserer Gesellschaft und als dumm angesehen.

Dabei ist Kompetenz nur zu einem Teil von dem Können einer Person abhängig. Um am Fahrkartenautomaten kompetent die richtige Fahrkarte kaufen zu können, muss der Automat natürlich auch entsprechend verständlich programmiert werden und die Preisstruktur durchschaubar sein. Wenn das nicht der Fall ist, wird auch der Intelligenteste, wie man an sich selbst in einer fremden Stadt beobachten kann, schnell inkompetent. Es sei denn, er findet jemand, der ihm alles erklärt.

Kompetenz entsteht also stets aus dem Wechselspiel zwischen der Person, der materiellen (der Automat) und der sozialen Umwelt (der Helfer).

Ist beispielsweise ein älterer Mensch nach einem Schlaganfall körperlich eingeschränkt, so können Hilfsmittel, wie ein Badewannen-Lift, eine barrierefreie Gestaltung seiner Wohnung und Hilfeleistungen bei Einkäufen dazu beitragen, dass diese Person trotz ihrer Behinderung weitgehend selbstständig, d.h. kompetent, in ihrer eigenen Wohnung verbleiben kann.

Wenn jemand z.B. mit der Bedienung seiner Heizungsanlage, seines TV-Gerätes, Computers oder Mobiltelefons nicht zurechtkommt, also hierzu inkompetent ist, dann kann er einen Kurs besuchen bzw. sich von einer kompetenten Person unterweisen lassen. Einfacher wäre hier natürlich, die Produzenten würden die meist schwer verständlichen Bedienungsanleitungen anwenderfreundlicher gestalten.

Immer noch sehr populär ist das „medizinische Menschenbild". Wenn jemand in bestimmten Bereichen inkompetent wird, dann wird für ihn ein Kuraufenthalt oder eine Rehabilitation beantragt. Häufig wäre es jedoch für den Erhalt oder die Wiederherstellung seiner Kompetenz ebenso effizient, seine Umwelt möglichst barrierefrei einzurichten und ihm die entsprechenden technischen Hilfsmittel zur Verfügung zu stellen. Eine Erkenntnis, die sich erst sehr langsam durchsetzt und beispielsweise angesichts zu hoher Bordsteine, zu schnell geschalteter Fußgängerampeln und komplizierter behördlicher Formulare und Automaten von den Verantwortlichen offensichtlich viel zu wenig Beachtung findet.

7.2 Das SimA®-Kompetenztraining

Das SimA®-Kompetenztraining versucht, diesen sehr unterschiedlichen Aspekten von Kompetenz durch die Auseinandersetzung mit einem breiten Themenspektrum gerecht zu werden.

Der Themenvielfalt eines SimA®-Kompetenztrainings sind daher keine Grenzen gesetzt. Im SimA®-Kompetenztrainings-Handbuch finden Sie folgende Themen ausgearbeitet:

- Veränderungen im Alter, Altersbild
- Ernährung im Alter
- Technische Hilfen im Haushalt
- Wohnen im Alter
- Problemlösen
- Pflegebedürftigkeit im Alter
- Krankheitsbewältigung
- Medikamente im Alter
- Soziales Netzwerk
- Soziale Fähigkeiten und Kontakte
- Menschenwürdiges Sterben und Trauer
- Regionale Angebote und Hilfsdienste

Im vorliegenden Buch beschränken wir uns auf Aspekte, die aus der Kompetenz von Piloten erlernt werden können.

7.3 Lernen von der Kompetenz von Piloten

Fast jeder von Ihnen saß schon einmal in einem Flugzeug. Da verlässt man sich natürlich darauf, dass die Piloten richtig handeln. Und die Piloten? Verlassen die sich auch darauf?

Natürlich nicht! Das wäre viel zu gefährlich, denn auch Piloten sind nicht immer hundertprozentig konzentriert, auch Piloten haben manchmal einen „schlechten Tag“ und auch Piloten sind nach einem langen Transatlantikflug nicht immer topfit.

Piloten verlassen sich deshalb immer auf Checklisten! Das sind Listen, in denen jeder Handgriff und jede Einstellung festgeschrieben sind. Einer liest vor, der andere Pilot prüft und bestätigt. So wird zum Beispiel ein Außencheck, ein Anlass-Check, ein Start-Check oder ein Landungs-Check gemacht. Und auch für jeden Notfall gibt es eine eigene Anweisung, die abgearbeitet werden muss, damit man nichts vergisst.

Was können wir daraus lernen? Wenn wir ganz sicher sein wollen, nichts zu vergessen, z.B. bei einer Urlaubsreise, dann sollte man auch Checklisten haben. Aber es geht nicht nur um das Vergessen. Gerade beim Urlaub ist es mit zunehmendem Alter immer schwieriger, sich zu entscheiden, was man eigentlich mitnehmen will. Da nimmt so eine Liste vom letzten Jahr schnell den „Stress“ heraus.

Wann sollte man diese erstellen? Am idealsten beim Koffer Auspacken nach dem Urlaub, da weiß man am besten, was man wirklich gebraucht hat und was nicht.

7.4 Checklisten für kompetentes Handeln

Wir haben schon vorher davon gehört, dass Piloten nichts dem Zufall überlassen. Deshalb gehört Fliegen auch zu den sichersten Verkehrsmitteln. Allerdings „fliegen" wir nicht alle das gleiche Flugzeug, deshalb macht es wenig Sinn, jedem das Gleiche vorschreiben zu wollen. Die nachfolgenden Beispiele sind deshalb als Hilfe zur Erstellung eigener Checklisten gedacht. Die Themenbereiche lassen sich dabei natürlich entsprechend den persönlichen Bedürfnissen jederzeit selbst erweitern. Hierfür wurden anschließend Blanko-Checklisten abgedruckt, die Sie individuell gestalten können.

7.4.1 Flüssigkeitsaufnahme (Trinken)

Über den Tag verteilt sollte man etwa 2 Liter Flüssigkeit zu sich nehmen. Das hört sich nach viel an. Viele überschätzen dabei die Menge ihrer Flüssigkeitsaufnahme. Deshalb hilft nur genaueste Kontrolle.

Es ergibt wenig Sinn, bei den unterschiedlichen Ess- und Trinkgewohnheiten detaillierte Vorschläge zu machen, was man zu welchem Zeitpunkt während des Tages trinken sollte. Hilfreich ist aber ohne Zweifel, wenn man ab und zu überprüft, wie viel man tatsächlich während eines Tages trinkt bzw. als Suppe zu sich nimmt.

Notieren Sie deshalb ein Jahr lang mit Hilfe folgender Liste (oder auf einem Blatt Papier) jeweils im Frühling, Sommer, Herbst und Winter an einem Tag alle Flüssigkeiten, die Sie während eines Tages zu sich genommen haben, so dass

Ihnen nach 12 Monaten 4 Protokolle vorliegen. Gehen Sie dabei folgendermaßen vor:

Für die Berechnung der Flüssigkeitsmenge legen Sie bitte folgende Werte zugrunde und beachten Sie, dass Sie mindestens 2 Liter Flüssigkeit pro Tag zu sich nehmen sollten:

Flüssigkeit/Getränk	**Menge**
1 Tasse Kaffee oder Tee	0,2 Liter
1 Glas Milch, Saft, Wasser usw.	0,2 Liter
1 Teller Suppe	0,2 Liter
1 Glas Wein	0,2 Liter
1 Glas (1 Flasche) Bier	0,25 (0,5) Liter

Tabelle 6: Flüssigkeitsmengen pro Getränk

Frühling

Montag, *02. März*

Uhrzeit	Flüssigkeit/Getränk	Menge (Liter)
7.00	2 Tassen Milch	0.4
9.00	2 Tassen roter Tee	0.4
10.00	1 Glas Buttermilch	0.2
12.00	2 Gläser Wasser	0.4
13.00	1 Tasse Kaffee	0.2
16.30	1 Glas Wasser	0.2
19.00	2 Gläser Bier	0.5

Liter insgesamt: 2.3

Abbildung 21*: Beispiel Checkliste Flüssigkeitszufuhr*

Frühling

Montag, ...

Uhrzeit	Flüssigkeit/Getränk	Menge (Liter)

Liter insgesamt: ____________________

Kopiervorlage Checkliste Flüssigkeitszufuhr

Sommer

Dienstag, ...

Uhrzeit	Flüssigkeit/Getränk	Menge (Liter)

Liter insgesamt: ____________________

Herbst

Mittwoch, ...

Uhrzeit	Flüssigkeit/Getränk	Menge (Liter)

Liter insgesamt: ____________________

Winter

Donnerstag, ...

Uhrzeit	**Flüssigkeit/Getränk**	**Menge (Liter)**

Liter insgesamt: ____________

7.4.2 Einkaufen und Vorratshaltung

Für eine täglich ausgewogene Ernährung ist eine Auswahl an unterschiedlichen Nahrungsmitteln im Haushalt notwendig.

Die folgende Liste soll Ihnen dabei helfen, das Wichtigste immer vorrätig zu haben. Insbesondere sollten Sie daran denken, dass Sie für den Fall einer Erkrankung für ungefähr acht Tage die wichtigsten Lebensmittel zu Hause haben. Sie sollten also auch haltbare Lebensmittel und Tiefgefrorenes einkaufen.

Auch diese Liste sollte individuell geändert und ergänzt werden. Die Klammerangaben beziehen sich auf allgemeine Ernährungshinweise.

Nehmen Sie diese Liste in die Hand und überprüfen Sie vor jedem Einkauf Ihre Vorräte. Vergessen Sie dabei nicht die Gefriertruhe. Alles was fehlt, sollte auf dem Einkaufszettel notiert werden.

Tipps für eine ernährungsphysiologisch ausgeglichene Zusammenstellung der Nahrungsmittel und zur Vorratshaltung finden Sie zahlreich im Internet z.B. auf der Homepage des Deutschen Hausfrauenbundes: *www.dhb-netzwerk-haushalt.de* oder auf der Webseite: *www.besserhaushalten.de*

Lebensmittel
▪ Butter
▪ ~~Margarine~~ *(halbfett, 250g)*
▪ Pflanzenöl
Olivenöl für Rohkost
Sonnenblumenöl zum Kochen
▪ Milch *(1,5% Fett)*
▪ Joghurt
▪ Buttermilch
▪ Käse *(Gouda / Camembert)*
Saure Sahne
▪ Kaffee *(250g)*
▪ ~~Tee~~
▪ Säfte *(Karottensaft)*
▪ Bier (max. 2 Fl./tgl.)
▪ ~~Wein~~ (max. 1 Glas/tgl.)
▪ Mineralwasser
Schokolade (zartbitter)
Butterkekse

Abbildung 22: Beispiel Checkliste Vorratshaltung

Lebensmittel
▪ Brot (auch eingefroren)
▪ Kartoffeln
▪ Nudeln
▪ Reis
▪ Hülsenfrüchte
▪ Sojaprodukte
▪ Gemüse (nach Saison)
▪ Salat
▪ Frischobst (nach Saison)

Lebensmittel
▪ Fleisch (max. 1- bis 2-mal/Wo.)
▪ Wurst (max. 1- bis 2-mal/Wo.)
▪ Eier (max. 3-mal/Wo.)
▪ (See-)Fisch (1- bis 2-mal/Wo.)
▪ Milch
▪ Joghurt
▪ Buttermilch
▪ Käse
▪ Butter
▪ Margarine
▪ Pflanzenöl

Lebensmittel
▪ Salz
▪ Zucker
▪ Kaffee
▪ Tee
▪ Säfte
▪ Bier (max. 2 Fl./tgl.)
▪ Wein (max. 2 Gläser/tgl.)
▪ Mineralwasser

7.4.3 Urlaub

Jedes Mal das Gleiche! Man quält sich vor einer Reise mit der Frage, was man alles mitnehmen muss. Man hat bei der Abreise das Gefühl, dass man Wichtiges vergessen hat und man stellt nach einer Weile fest, dass man viel zu viel mitgenommen hat.

Hier hilft nur eine Reise-Checkliste, am besten mehrere: für einen Kurzbesuch übers Wochenende im Sommer, im Winter, für den Sommerurlaub, für den Winterurlaub. Auch hier gilt: Die einzelnen Bedürfnisse sind viel zu unterschiedlich, als dass man – über einige grundsätzliche Empfehlungen hinaus – allgemeine Vorschriften machen könnte. Diese Listen muss sich also jeder selbst zusammenstellen.

Am besten am Ende einer Reise,
während man den Koffer auspackt;
da weiß man am genauesten, was fehlte
und was man alles Überflüssiges
mitgenommen hatte.

Checkliste: Sommerurlaub

Reiseunterlagen	
Flug-/~~Bahntickets~~	Krankenversicherung
Bestätigung (Reservierung)	Schutzbrief
~~(Int.) Führerschein~~	Bankkarten / ~~Schecks~~
Ausweis (Kopien, separat)	Bargeld, Sorten
Pass	Notfalltelefonnummern
Visum	Adressliste
Reiseführer	*Hotelführer*
Impfungen	

Zuhause	
Wertsachen deponiert?	Post abbestellt (Nachbar)?
Blumengießen organisiert?	Zeitung ab-/umbestellt?
Telefonrufumleitung / AB	Heizung auf Nachtbetrieb?
Bügeleisen, Herd etc. aus?	Licht aus?
Kühlschrank geleert?	Adresse hinterlassen?
Müll entsorgt?	Wasser abgedreht?
Fenster, Türen gesichert?	Abgesperrt?
Haustier versorgt?	*Brötchen abbestellt?*

Abbildung 23: Beispiel Checkliste Urlaub

Checkliste: Sommerurlaub	
Reiseunterlagen	
Flug-/Bahntickets	Krankenversicherung
Bestätigung (Reservierung)	Schutzbrief
(Int.) Führerschein	Bankkarten
Ausweis (Kopien, separat)	Geld
Pass	Notfalltelefonnummern
Visum	Adressliste

Checkliste: Sommerurlaub	
Zuhause	
Wertsachen deponiert?	Post abbestellt (Nachbar)?
Blumengießen organisiert?	Zeitung ab-/umbestellt?
Telefonrufumleitung / AB	Heizung auf Nachtbetrieb?
Bügeleisen, Herd etc. aus?	Licht aus?
Kühlschrank geleert?	Adresse hinterlassen?
Müll entsorgt?	Wasser abgedreht?
Fenster, Türen gesichert?	Abgesperrt?

Für alle weiteren Anlässe können Sie sich Ihre eigenen Checklisten schreiben. Auf der nächsten Seite finden Sie eine Blanko-Liste, die Sie vervielfältigen und nach Ihren persönlichen Bedürfnissen gestalten können. Wie bereits erwähnt, ist es sinnvoll, die Checkliste jeweils am Ende einer Reise bzw. nach einer Erledigung zu verfassen bzw. zu ergänzen, eben dann, wenn einem direkt vor Augen steht, was vergessen wurde oder hätte vergessen werden können. Hier nur einige Checklistenbeispiele:

Zum Thema Reise wären u.a. folgende Listen vorstellbar:

- **Winterurlaub** (z.B. Reiseunterlagen, Garderobe, Erledigungen zu Hause)
- **Wochenendbesuch bei Verwandten** (z.B. Inspektion des Wagens, Routenplanung, Fahrzeugpapiere, Garderobe, Geschenke)
- **Familienfest** (z.B. Einladungen, Tischkarten, Bestellungen beim Bäcker, Metzger, Blumenladen)

Erledigungen des Alltags könnten sein:

- **Verlassen der Wohnung** (z.B. Herd abgeschaltet?, Schlüssel abgezogen?, Schlüssel eingesteckt? etc.)
- **Arztbesuch** (z.B. Vorsorgeuntersuchungen, Medikamenteneinnahme, Überweisung)
- **Kostenvoranschlag beim Handwerker** (z.B. Mehrwertsteuer, Rabatte, Zahlungsfristen, Garantie)
- **Behördengang** (z.B. Öffnungszeiten, benötigte Unterlagen, Parkmöglichkeiten bzw. Abfahrtszeiten öffentlicher Verkehrsmittel)
- **Geldangelegenheiten bei der Bank** (z.B. Schalter-Öffnungszeiten, Automaten, EC-Karte)

Checkliste:	

Sich regen bringt Segen!
Oder: Was ist Psychomotorik?

8 Sich regen bringt Segen! Oder: Was ist Psychomotorik?

In den letzten Jahrzehnten nahmen die Erkenntnisse über Zusammenhänge zwischen körperlicher Aktivität, Gesundheit und Alzheimer rapide zu. Die Bedeutung der Bewegung im weitesten Sinne für den Menschen wurde dabei immer mehr in den Mittelpunkt gerückt. Eine wissenschaftlich abgesicherte Erkenntnis ist heute, dass Bewegungsmangel den Alternsprozess mit all seinen Begleiterscheinungen beschleunigt. Damit verbunden sind nicht nur Einschränkungen in der Lebensqualität des älteren Menschen, sondern ein womöglich frühzeitiger Ausbruch der Alzheimersymptomatik. Hierauf wird noch am Ende des Kapitels näher eingegangen.

Bewegungsmangel bleibt also in jeder Hinsicht nicht ohne Folgen: die Muskulatur bildet sich langsam zurück, die Leistungsfähigkeit des Kreislaufs verringert sich und auch die Fähigkeit, das Gleichgewicht zu halten, wird geringer. Selbst gesunde ältere Menschen verlieren ca. 3 - 4% ihrer Kraft im Jahr. Von großer Bedeutung ist der Verlust von Muskelmasse, wobei der Verlust von Muskelfasern nicht mehr rückgängig gemacht werden kann. So reduziert sich die Muskelmasse im Durchschnitt bis zum 60. Lebensjahr um etwa 20% und bis zum 75. Lebensjahr sogar um 30%. Auch die maximal erreichbare Herzfrequenz nimmt mit dem Alter ab. So ist die oberste Grenze bei 60-Jährigen etwa bei 160 Schlägen/min. und bei einem 70-Jährigen bei 150, während ein Jugendlicher ca. 220 erreichen kann. Inaktivität kann hinsichtlich der Leistungsfähigkeit eines Menschen einen Unterschied von 20 bis 30 Lebensjahren ausmachen.

Gleichzeitig haben wissenschaftliche Studien belegt, dass mit einem entsprechenden Training bis ins hohe Alter entsprechende körperliche Leistungen möglich sind. Ältere Sportler können ähnlich schnell reagieren wie junge Nichtsportler. Sowohl dem alternsbedingten Muskelabbau als auch den Veränderungen am Herz-Kreislauf-System kann durch ein gezieltes, angepasstes körperliches Training entgegengewirkt werden. Dies gilt auch, wenn ein leichtes körperliches Training erst nach dem 60. oder 70. Lebensjahr aufgenommen wird. Durch ein Krafttraining kann man die Leistungsfähigkeit der Muskulatur deutlich verbessern - und dies in jedem Alter. Auch die Ausdauerleistungsfähigkeit kann mit einem gezielten Training im Alter noch verbessert werden. Wichtig ist dabei, dass dies „aerob“ geschieht, d.h. dass man mehr Sauerstoff aufnimmt, als man braucht. Dabei reicht es, wenn man täglich mindestens 20 Minuten läuft …

„... oder seinen Hund 20 Minuten ausführt, auch wenn man keinen hat!“

Abbildung 24: „Maxl", der Hund des Autors

Andere Beispiele für ein Ausdauertraining sind Radfahren, Schwimmen, Wandern und Skilanglauf, aber auch Gartenarbeit und Treppensteigen. Wichtig ist dabei immer die Geschwindigkeit, in der die Bewegung ausgeführt wird. Diese entscheidet darüber, wie intensiv das Ausdauertraining wirkt. Feststellen kann man dieses an seinem Puls oder auch an seinem individuellen Wohlbefinden.

Was unterscheidet nun die Psychomotorik nach SimA® von Sport? Sport ist in erster Linie auf Kraft und Ausdauer ausgerichtet, Psychomotorik dagegen stärker auf Wahrnehmung, Bewegungskoordination und Gleichgewicht. Diese müssen nicht unbedingt Gegensätze sein. Wir haben gerade gesehen, wie wichtig Kraft und Ausdauer im höheren Lebensalter sind.

Für eine angepasste Bewältigung im Alltag aber am wichtigsten sind

- unsere Wahrnehmung,
- eine koordinierte Bewegung (entsprechend den Anforderungen der Umwelt),
- unser Gleichgewicht und
- unsere Beweglichkeit.

Natürlich geht dies nicht ohne ein Minimum an Kraft und Ausdauer. Die Schwerpunkte sind aber anders gesetzt: Weder der Leistungssport noch Sportarten mit hohem Verletzungsrisiko haben neben den genannten Inhalten bei der Psychomotorik eine Bedeutung.

Es werden auch keine teuren Sportgeräte benötigt. Es reichen einfachste Hilfsmittel wie Luftballons und Stofftaschen. Dass darüber hinaus, sozusagen nebenbei, auch noch Kraft und Ausdauer mittrainiert werden, ist eine durchaus erwünschte Nebenwirkung.

Gerade ein Nachlassen der Gleichgewichtsfähigkeit ist für den älteren Menschen bedrohlich, da mit einem Sturz und seinen Folgen auch häufig der Verlust an Selbstständigkeit droht. Aus diesem Grund wird neuerdings auch dem Training des Gleichgewichts ab 60 höchste Priorität eingeräumt. Durch ein entsprechendes Koordinationstraining können die Verletzungsgefahr verringert, überflüssige Begleitbewegungen beseitigt und damit eine rasche Ermüdung vermindert werden.

Viele machen auch die Erfahrung, dass man am Morgen nach dem Aufstehen „sich richtig steif fühlt“. Verursacht durch ein Nachlassen der Elastizität von Sehnen und Muskeln tritt dies mit zunehmendem Alter verstärkt auf. Wissenschaftlich konnte nachgewiesen werden, dass auch die Elastizität und somit Beweglichkeit durch ein gezieltes Training bis ins hohe Alter verbessert werden kann.

Neben diesen positiven Wirkungen auf Kreislauf, Muskulatur und Lebensqualität zeigten neuere Studien deutlich, dass sich auch demenzielle Veränderungen im Sinne von Alzheimer um Jahre hinauszögern lassen, wenn man sich regelmäßig bewegt.

So hatten Männer zwischen 71 und 93 Jahren, die weniger als 400 Meter täglich liefen, gegenüber Männern, die sich täglich drei und mehr Kilometer (2 Meilen) bewegten, ein doppelt so hohes Risiko, innerhalb der nächsten sechs Jahre an Alzheimer zu erkranken.

Andere Studien zeigten, dass es schon genügt, wenn man sich mindestens viermal pro Woche so kräftig bewegt, dass man leicht ins Schwitzen kommt, um sein Risiko für Alzheimer zu halbieren.

Auch wer schon mit 40 Jahren einen dicken Bauch hat und über einen Body-Mass-Index (BMI) von mehr als 30 verfügt, verdreifacht sein Risiko für Alzheimer. Der BMI wird dabei wie folgt berechnet:

Gewicht in kg/(Körpergröße * Körpergröße in m) = BMI

*Beispiel: 92 kg/(1,75 * 1,75m) = 30*

Regelmäßige, am besten tägliche Bewegung ist somit die wichtigste Vorbeugung gegen Alzheimer und unterstützt den Erhalt der Lebensqualität bis ins hohe Alter. Wie wenig wir uns tatsächlich bewegen, wird meistens erst durch Selbstaufzeichnungen deutlich. Führen Sie deshalb einmal zwei Wochen lang Buch über Ihre täglich zurückgelegten Wegstrecken. Sie werden erstaunt sein, wie gering das Ergebnis oftmals ausfällt.

Also:
Montag: Gang zur Garage 50m, Gang ins Büro 100m, Rückweg zum Auto 100m, Weg in die Wohnung 50m, und dann ?

Dienstag: ……….

Tröstlich ist nur: Bei den Studien wurden in Amerika die Teilnehmer nach zurückgelegten Meilen gefragt. Hätte man in Deutschland die Kilometerzahl abgefragt, wären vielleicht nur zwei Kilometer herausgekommen (statt zwei Meilen). Erreichen Sie diese zwei Kilometer?

Man nehme täglich ...

9 Man nehme täglich ...

Im Folgenden werden alle Übungen des SimA®-basic-Programms im Einzelnen beschrieben. Hier sollten Sie immer nachlesen, falls Sie sich nicht mehr ganz sicher sind.

Wichtig ist, dass Sie sich täglich eine viertel bis halbe Stunde Zeit für das tägliche Übungsprogramm nehmen. Am besten immer zur gleichen Tageszeit.

Alle Übungen finden Sie in diesem Buch. Darüber hinaus benötigen Sie

- eine Tageszeitung,
- einen Kugelschreiber,
- einen Luftballon,
- eine Stofftasche (Baumwoll-/Jutetasche, Einkaufstüte) und
- eine Uhr mit Sekundenzeiger (noch besser wäre eine Stoppuhr).

9.1 Die Gedächtnis-Übungen

Die SimA®-basic-Gedächtnisübungen sind durchgängig an den vorangestellten Theorien orientiert. Sie helfen, Gedächtnisfunktionen dort zu steigern, wo Defizite auftreten bzw. sie für den Alltag relevant sind. Die Übungen trainieren daher vor allem das Tempo, mit dem zwei und mehr Elemente verarbeitet werden können (Informationsverarbeitungsgeschwindigkeit), die dynamischen Kurzzeitgedächtnisfunktionen und das Episodische Langzeitgedächtnis. Alle Übungen aus diesem Kapitel sind dem fluiden Funktionsbereich zuzuordnen und sollten täglich durchgeführt werden. Dazu benötigen Sie zwischen 10 und 15 Minuten Zeit.

Übung: Sich an Details erinnern

Bei dieser Übung wird Ihre Wahrnehmung, aber in erster Linie Ihr dynamisches Kurzzeitgedächtnis und Ihr Episodisches Langzeitgedächtnis trainiert.

1. Lehnen Sie sich zurück und lesen Sie die Zeitung wie immer.

2. Wenn Sie auf der letzten Seite angekommen sind, nehmen Sie einen Bleistift oder einen Kugelschreiber zur Hand und notieren auf dem weißen Rand der letzten Seite der Zeitung oder auf einem Notizblatt möglichst viele Details, an die Sie sich erinnern können.

Details:

In der Zeitung steht, dass auf einer Rede in ... ein Politiker Namens ... vorgeschlagen hat, Renten künftig um ... Prozent zu kürzen.

- Notieren Sie, *wie* der Politiker heißt,
- *wo* er gesprochen hat und
- *um wie viele Prozentpunkte* er die Renten kürzen will.

Oder:

Gestern gab es in ... einen schweren Autounfall mit ... Toten.

- Notieren Sie *wo* der Unfall war,
- *wer* an dem Unfall beteiligt war und
- *wie viele* Tote es gab.
- Wissen Sie auch noch die *vermutete Ursache* für den Unfall?

3. Schauen Sie unter keinen Umständen dabei nochmals in der Zeitung nach! Was Sie notieren, muss aus Ihrem „Gedächtnis" kommen!

4. Versuchen Sie jeden Tag ein paar Details mehr zu erinnern! Auf die Details kommt es an! Am Anfang wird man feststellen, dass man sich nur ganz vage erinnern kann.

5. Am Ende der Übung können Sie natürlich Ihre Notizen mit Hilfe der Zeitung überprüfen. Hat wirklich alles gestimmt?

6. Notieren Sie sich täglich die gemerkte Anzahl an Details. Sie können hierzu auch die Liste auf Seite 135 (vor Kapitel 9.2) benutzen.

Übung: Schrift auf dem Kopf

Nehmen Sie eine Zeitung zur Hand, stellen Sie diese auf den Kopf und lesen Sie mindestens fünf Zeilen laut vor, besser wäre den ganzen Artikel. Es kommt auch hier darauf an, dass Sie möglichst schnell sind. Das Prinzip lautet: zwei und mehr Dinge gleichzeitig zu tun und schnell zu sein. An der folgenden Abbildung können Sie dies ja schon mal üben.

Geistig fit bis ins hohe Alter

Gehirnleistung kann trainiert werden

„Mit 66 Jahren, da fängt das Leben an", besang Schlagerstar Udo Jürgens einst den sogenannten dritten Lebensabschnitt. Auch in Lüdenscheid entdecken immer mehr Senioren, daß sie noch lange nicht zum alten Eisen gehören. Man findet sie als Gasthörer an Universitäten, in Volkshochschulkursen oder als ehrenamtliche Mitarbeiter in Vereinen und Verbänden. „Beispiele, die zeigen, daß die geistigen Fähigkeiten mit zunehmendem Alter nicht automatisch geringer werden", so Ulrich Müller von der AOK in Lüdenscheid.

„Tatsächlich haben Senioren, die ihr Gehirn regelmäßig trainieren, größere Chancen, ihre geistige Leistungsfähigkeit bis ins hohe Alter zu behalten".

Abbildung 25: Übungsbeispiel „Schrift auf dem Kopf"

Übung: Zwei Buchstaben suchen

Beim Buchstabensuchen in der Zeitung geht es wieder um Aufmerksamkeit, Konzentration und Informationsverarbeitungsgeschwindigkeit. Wichtig ist, dass Sie zwei verschiedene Buchstaben gleichzeitig suchen und dies so schnell wie möglich. Das Tempo ist das Entscheidende.

1. Nehmen Sie Ihre Zeitung zur Hand. Suchen Sie sich jeden Tag einen möglichst ähnlich großen Artikel aus.

2. Suchen Sie jeden Tag Zeile für Zeile zwei Buchstaben heraus (z.B. „a“ und „n“) und streichen Sie diese an, wie das folgende Beispiel zeigt:

Geistig fit bis ins hohe Alter
Gehirnleistung kann trainiert werden

„Mit 66 Jahren, da fängt das Leben an“, besang Schlagerstar Udo Jürgens einst den sogenannten dritten Lebensabschnitt. Auch in Lüdenscheid entdecken immer mehr Senioren, daß sie noch lange nicht zum alten Eisen gehören. Man findet sie als Gasthörer an Universitäten, in Volkshochschulkursen oder als ehrenamtliche Mitarbeiter in Vereinen und Verbänden. „Beispiele, die zeigen, daß die geistigen Fähigkeiten mit zunehmendem Alter nicht automatisch geringer werden“, so Ulrich Müller von der AOK in Lüdenscheid. usw.

„Tatsächlich haben Senioren, die ihr Gehirn regelmäßig trainieren, größere Chancen, ihre geistige

Abbildung 26: Übungsbeispiel „Zwei Buchstaben suchen“

3. Sie müssen die zwei Buchstaben immer gleichzeitig suchen!

4. Es wäre also falsch, erst den Artikel oder die Zeile auf „a“ durchzusuchen und dann wieder von vorne auf den Buchstaben „n“.

5. Bei dieser Übung sollten Sie so schnell wie möglich sein und jeden Tag ein bisschen schneller werden.

6. Es empfiehlt sich, jeden Tag die Buchstaben zu wechseln. Empfehlenswerte Buchstabenkombinationen sind z.B.:

Wochentag	Buchstabenkombinationen
Montag, 1. Tag	a & n
Dienstag, 2. Tag	o & m
Mittwoch, 3. Tag	u & t
Donnerstag, 4. Tag	a & g
Freitag, 5. Tag	o & r
Samstag, 6. Tag	u & s
Sonntag, 7. Tag	a & n
Montag, 8. Tag	o & s
Dienstag, 9. Tag	u & m
Mittwoch, 10. Tag	a & s
Donnerstag, 11. Tag	o & h
Freitag, 12. Tag	u & b
Samstag, 13. Tag	a & v
Sonntag, 14. Tag	u & w

Tabelle 7: Kombinationen für die Übung „Buchstaben suchen"

Übung: Am Abend Zeitungstext erinnern

Wiederholen Sie jeden Abend die Übung **„Sich an Details erinnern“**, ohne dass Sie die Zeitung noch einmal vorher lesen!

1. Nehmen Sie ein Blatt Papier und notieren Sie alle Details aus der Morgenzeitung. Möglichst viele und möglichst genau.
2. Zum Schluss können Sie Ihre Notizen mit der Zeitung überprüfen.
3. Tragen Sie die Anzahl an Details in Ihre Liste auf Seite 135 ein.

Übung: Die Farb-Worte

Bei der Farb-Wort-Übung geht es in erster Linie darum, zwei miteinander „streitende“ Reize, die Worte und die Farben, möglichst rasch und ohne Fehler zugunsten der Farben zu lösen.

Ihre Aufgabe ist es, die Druckfarben der einzelnen Worte möglichst rasch zu benennen. Dies ist deshalb nicht einfach, weil uns die Worte zum Lesen „verleiten“, es aber darum geht, die Druckfarben der Worte zu benennen.

1. Üben Sie dies einmal in der ersten Zeile, indem Sie die Druckfarben der Reihe nach laut aussprechen.

Die richtigen Antworten in der ersten Zeile lauten:

grün - rot - blau - gelb - grün – blau

rot	grün	gelb	blau	gelb	grün
gelb	rot	gelb	grün	blau	rot
gelb	blau	grün	blau	grün	gelb
rot	gelb	blau	grün	blau	grün
rot	grün	gelb	rot	gelb	blau
grün	blau	rot	grün	rot	blau
gelb	rot	blau	rot	grün	gelb
grün	gelb	blau	gelb	grün	rot
gelb	grün	rot	blau	rot	gelb
blau	rot	grün	gelb	blau	grün
blau	gelb	rot	gelb	grün	rot
grün	blau	gelb	blau	gelb	rot
gelb	grün	blau	grün	gelb	blau
rot	blau	grün	gelb	rot	grün

Abbildung 27: Beispiel einer Farb-Wort-Tafel

2. Haben Sie dies richtig gelöst, legen Sie bitte eine Uhr mit Sekundenzeiger neben die Farb-Wort-Übung. Beobachten Sie den Sekundenzeiger. Wenn er genau auf der 12 steht, beginnen Sie links oben.
3. Sprechen Sie so rasch wie möglich die Druckfarben der einzelnen Worte laut aus.
4. Wenn Sie das letzte Wort erreicht haben, lesen Sie bitte den Stand des Sekundenzeigers auf der Uhr ab und tragen die verstrichene Zeit in Liste auf Seite 135 ein.
5. Diese Aufgabe können Sie wiederholt durchführen. Unterschiede in Ihren Benennungszeiten machen deutlich, wie Ihre Konzentration schwankt. Je weniger Zeit Sie für das Benennen der Farben benötigen, desto besser ist dies.
6. Sie können sich diese Liste auch kopieren oder abzeichnen. Es reicht aber auch vollständig, wenn Sie auf einem Block täglich Datum und Ihre Zeit notieren.
7. **Wichtig:** Bitte bemühen Sie sich, so schnell wie möglich zu sein und versuchen Sie, das Tempo jeden Tag etwas zu steigern.

In die nachfolgende Liste können Sie die Mengen- bzw. Zeitwerte für die Übungen **„Sich an Details erinnern“** und **„Farb-Worte“** eintragen.

Beginnen Sie am besten an einem Montag.

Tag	**Details morgens**	**Details abends**	**Zeitbedarf Farb-Worte**
1. Tag			
2. Tag			
3. Tag			
4. Tag			
5. Tag			
6. Tag			
7. Tag			
8. Tag			
9. Tag			
10. Tag			
11. Tag			
12. Tag			
13. Tag			
14. Tag			

9.2 Die psychomotorischen Übungen

Bevor Sie beginnen, sollten Sie folgende Hinweise beachten:

1. Wählen Sie anfangs nur solche Übungen aus, die Ihnen bekannt sind und bei denen Sie sich sicher und nicht überlastet fühlen.
2. Es ist nicht notwendig, sofort ein komplettes Übungsprogramm zu absolvieren.
3. Befragen Sie nötigenfalls vorher Ihren Arzt, zeigen Sie ihm das Buch und die Übungen.
4. Für das Training reicht bequeme Kleidung. Ein Trainingsanzug ist nicht unbedingt erforderlich.
5. Als Trainingsgeräte benötigen Sie einen Luftballon und eine Stofftasche.
6. **Achtung:** Bei Gleichgewichtsübungen sollten Sie stets die Warnhinweise beachten.
7. Üben Sie nur im ausgeruhten Zustand.
8. Variieren Sie diese Basic-Übungen, indem Sie diese im Sitzen oder im Stehen durchführen und die Geschwindigkeit steigern. Beginnen Sie mit den für Sie leichtesten Übungen.
9. Üben Sie regelmäßig! Üben Sie jeden Tag!
10. Vergessen Sie aber auch nicht ein „natürliches" Ausdauertraining: Durch regelmäßiges Gehen oder Rad-

fahren oder Schwimmen. Mindestens 2-mal die Woche, mindestens 20 Minuten. Auch sollten Sie Aufzüge und Rolltreppen meiden und stattdessen die Treppen hochsteigen.

11. Führen Sie jeden Tag Ihren Hund aus, auch wenn Sie keinen haben!

Wichtig!
Auch wenn Sie nur mit Luftballons und Stofftaschen üben: Klären Sie mit Ihrem Hausarzt vor Beginn des Trainings eventuelle Risikofaktoren ab.

Übungen mit dem Luftballon

Wenn es Ihr Gleichgewicht zulässt, sollten Sie diese Übungen im Stehen durchführen. Suchen Sie sich dabei einen möglichst großen freien Platz in Ihrer Wohnung aus, damit Sie sich nicht an Möbeln stoßen. Grundsätzlich können Sie diese Übungen auch im Sitzen durchführen. Achten Sie darauf, dass Sie nicht andauernd nach oben schauen, sondern entlasten Sie Ihre Nackenmuskulatur, indem Sie den Ballon vor Ihrem Bauch in der Luft halten.

Luftballon-Übung 1:
Halten Sie den Luftballon mit der *rechten Hand* in der Luft, indem Sie ihn mit der *rechten Handfläche* nach oben stupsen.

Abbildung 28: Luftballon-Übung 1

Luftballon-Übung 2:
Halten Sie den Luftballon mit der *rechten Hand* in der Luft, indem Sie ihn abwechselnd mit der *rechten Handfläche* und dem *rechten Handrücken* nach oben stupsen.

Luftballon-Übung 3:
Wechseln Sie nun die Hand: Halten Sie den Luftballon mit der *linken Hand* in der Luft, indem Sie ihn mit der *linken Handfläche* nach oben stupsen.

Luftballon-Übung 4:
Halten Sie den Luftballon mit der *linken Hand* in der Luft, indem Sie ihn abwechselnd mit der *linken Handfläche* und dem *linken Handrücken* nach oben stupsen.

Luftballon-Übung 5:
Nun mit beiden Händen: Stupsen Sie den Ballon mit der *rechten Handfläche* auf die *linke Handfläche* und zurück.

Luftballon-Übung 6:
Wechseln Sie nun die Finger. Also:

- rechter Daumen → linker Daumen
- rechter Zeigefinger → linker Zeigefinger
- rechter Mittelfinger → linker Mittelfinger
- rechter Ringfinger → linker Ringfinger
- rechter kleiner Finger → linker kleiner Finger
- rechter Daumen → linker Daumen usw.

Abbildung 29: Luftballon-Übung 5

Abbildung 30: Luftballon-Übung 6

Wer es besonders schwierig haben will, der kann diese Übungen auch vor einem großen Spiegel machen. Schauen Sie dabei nicht auf den echten Luftballon, sondern auf dessen Spiegelbild!

Achten Sie darauf, zwischendurch immer wieder kurze Entspannungspausen einzulegen, in denen Sie Ihre Schultern lockern und Ihre Hände ausschütteln sollten. Achten Sie auch darauf, bei den Übungen gleichmäßig zu atmen.

Übung: Fingerspiel

Fingerspiel-Übung 1:
Berühren Sie mit dem *rechten* Daumen nacheinander

- Ihren rechten Zeigefinger
- Ihren rechten Mittelfinger
- Ihren rechten Ringfinger
- Ihren rechten kleinen Finger

Fingerspiel-Übung 2:
Berühren Sie mit dem *linken* Daumen nacheinander

- Ihren linken Zeigefinger
- Ihren linken Mittelfinger
- Ihren linken Ringfinger
- Ihren linken kleinen Finger

Fingerspiel-Übung 3:
Führen Sie die Übung 1 und 2 gleichzeitig mit beiden Händen durch.

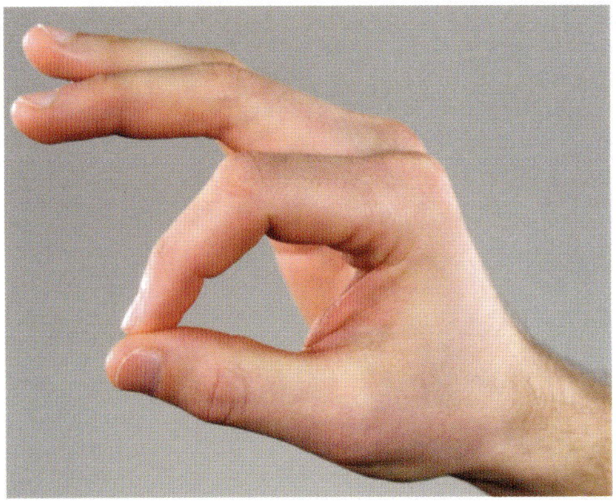

Abbildung 31: Fingerspiel-Übung 1

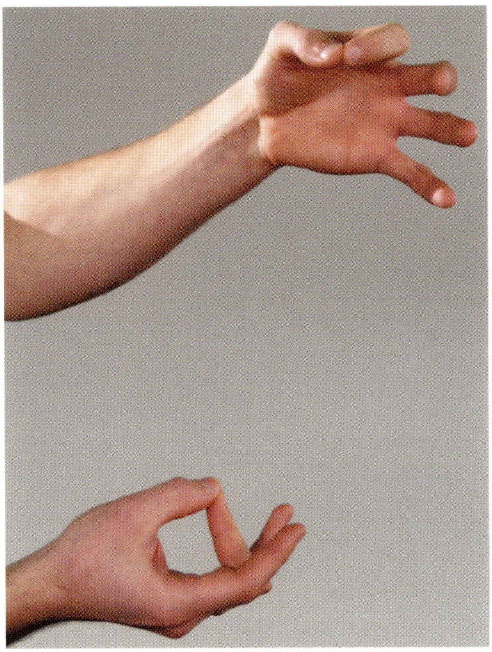

Abbildung 32: Fingerspiel-Übung 3

Variation:
Versuchen Sie diese Übungen ohne Blickkontakt zu Ihren Händen!

Übungen mit der Stofftasche

Bei den folgenden Übungen ist besonders darauf zu achten, dass die Übungen keine Schmerzen hervorrufen. Gehen Sie langsam in die Bewegung hinein und halten Sie dann die Bewegung für circa 15-20 Sekunden. Lösen Sie die Bewegung auch langsam wieder auf. Achten Sie darauf, dass Sie bei den Übungen ruhig und bewusst weiteratmen und nicht die Luft anhalten.

Taschen-Übung 1:
Fassen Sie die Stofftasche mit beiden Händen an den Henkeln. Steigen Sie im Sitzen mit dem *rechten Fuß* in die Stofftasche und ziehen Sie diese mit beiden Händen mehrmals zum Körper hin.

Taschen-Übung 2:
Steigen Sie im Sitzen mit dem *linken Fuß* in die Stofftasche und ziehen Sie diese mit beiden Händen mehrmals zum Körper hin.

Taschen-Übung 3:
Schlingen Sie im Sitzen die Stofftasche um Ihre *linke Wade* und versuchen Sie, mit dieser Schlinge das *linke Bein* gestreckt mit beiden Händen anzuheben, bis Sie ein Ziehen am linken Knie und im linken Oberschenkel spüren.

Abbildung 33: Taschen-Übung 1

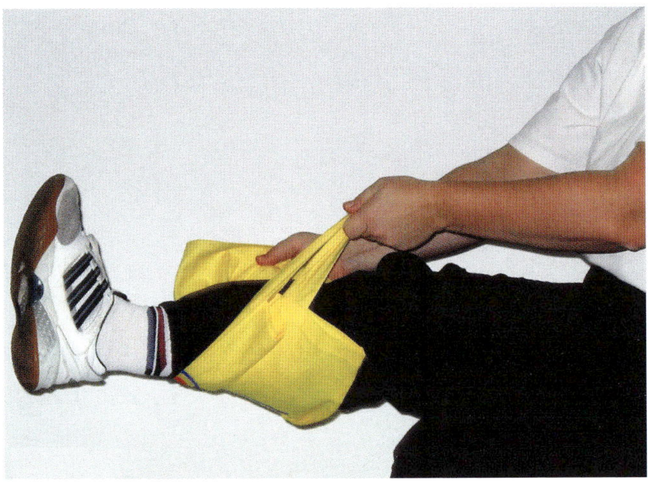

Abbildung 34: Taschen-Übung 3

Taschen-Übung 4:
Schlingen Sie im Sitzen die Stofftasche um Ihre *rechte Wade* und versuchen Sie mit dieser Schlinge das *rechte Bein* gestreckt anzuheben, bis Sie ein Ziehen am rechten Knie und im rechten Oberschenkel spüren.

Taschen-Übung 5:
Greifen Sie die Stofftasche *hinter Ihrem Rücken mit beiden Händen*, führen Sie die Arme gestreckt vom Körper weg bis Sie ein Ziehen in den Armen und den Schultern spüren.

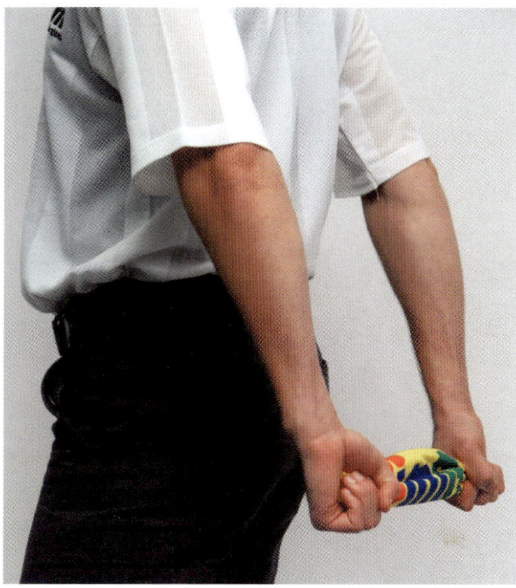

Abbildung 35: Taschen-Übung 5

Taschen-Übung 6:
Schlingen Sie die Stofftasche um die *linke Hand* und greifen Sie sie hinter Ihrem Rücken mit der rechten Hand (ähnlich Abb. 34). Bewegen Sie die Tasche mit der rechten Hand leicht nach rechts, bis Sie ein Ziehen im linken Arm und in der linken Hand spüren.

Taschen-Übung 7:
Schlingen Sie die Stofftasche um die *rechte Hand* und ziehen Sie hinter Ihrem Rücken mit der linken Hand die Stofftasche leicht nach links, bis Sie ein Ziehen im rechten Arm und in der rechten Hand spüren.

Übungen mit dem Taschenstab

Drehen Sie die Stofftasche zu einem Stab.

Taschenstab-Übung 1:
Halten Sie den Taschenstab in *Hochhalte* und beugen Sie mehrmals Ihren *Oberkörper nach rechts und nach links.*

Taschenstab-Übung 2:
Halten Sie den Taschenstab in *Hochhalte*. Drehen Sie Ihren Oberkörper mehrmals leicht *nach rechts und nach links*.

Taschenstab-Übung 3:
Führen Sie den Taschenstab mit beiden Armen *über Ihren Kopf in Ihren Nacken*.

Hinweis:
Achten Sie auch bei diesen Übungen auf eine gleichmäßige Atmung und eine aufrechte Haltung des Oberkörpers. Unterbrechen Sie diese Übungen bei auftretenden Rückenschmerzen.

Abbildung 36: Taschenstab-Übung 1

Abbildung 37: Taschenstab-Übung 3

Taschenstab-Übung 4:
Halten Sie den Taschenstab mit der *rechten Hand* von oben *hinter Ihrem Rücken* und greifen Sie Ihn von unten mit der linken Hand. Versuchen Sie mit der linken Hand möglichst weit nach oben zu „klettern".

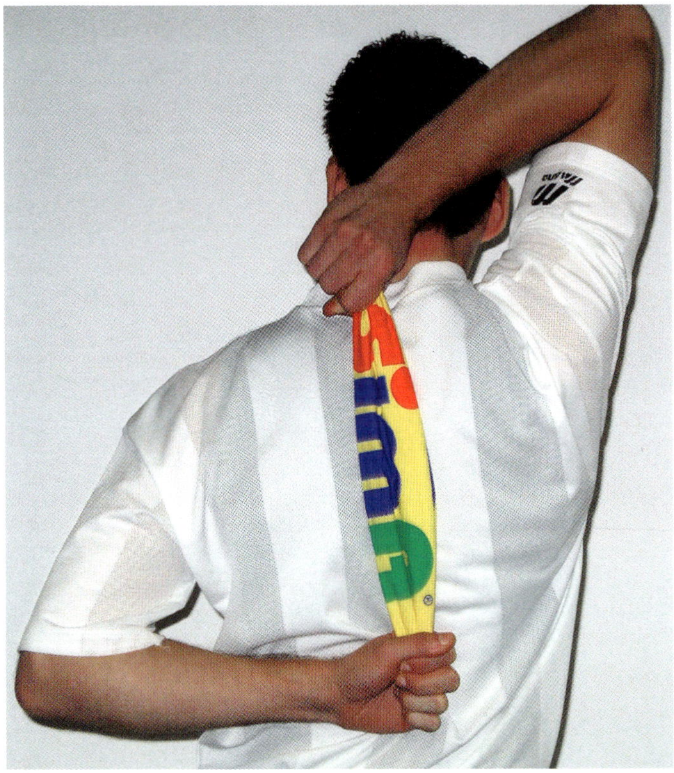

Abbildung 38: Taschenstab-Übung 4

Taschenstab-Übung 5:
Wiederholen Sie Übung 4 mit der *linken Hand*. Die linke Hand hält den Taschenstab von oben *hinter Ihrem Rücken*. Die rechte Hand versucht ihn zu greifen und möglichst weit nach oben zu „klettern".

Gleichgewichtsübungen

Achtung: Die folgenden Übungen sollten Sie nach Möglichkeit mit einem Partner durchführen, der Sie bei Gleichgewichtsverlust stützen und somit den drohenden Sturz vermeiden kann. Steht Ihnen kein Partner zur Verfügung, dann praktizieren Sie die Übungen am besten in einer Zimmerecke mit dem Rücken zur Wand. Vor sich stellen Sie als Sicherung einen Stuhl auf. Wie auf dem folgenden Bild:

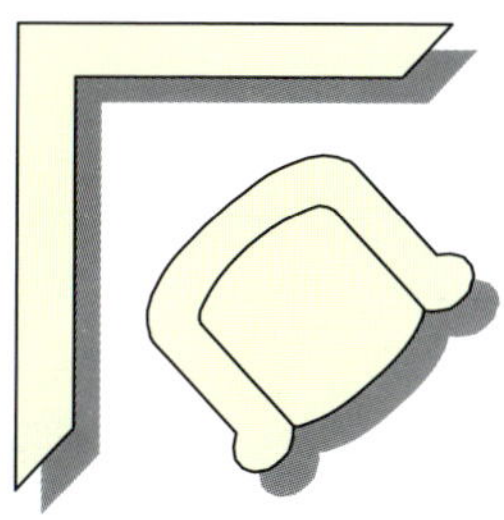

Abbildung 39: Sichern Sie sich vor einem Sturz

Stellen Sie sich aufrecht hin und Ihre Füße hüftbreit auseinander. Falls Sie sich unsicher fühlen, halten Sie sich zunächst am Stuhl fest!

Gleichgewichts-Übung 1:
Verlagern Sie vorsichtig mehrmals das Gewicht mit *offenen Augen* nach *rechts* und nach *links*, d.h. von einem Fuß auf den anderen.

Abbildung 40: Gleichgewichts-Übung 1 mit Sicherung durch einen Partner

Gleichgewichts-Übung 2:
Verlagern Sie vorsichtig mehrmals das Gewicht mit *geschlossenen Augen* nach *rechts* und nach *links,* d.h. von einem Fuß auf den anderen.

Gleichgewichts-Übung 3:
Verlagern Sie vorsichtig mit *offenen Augen* das Gewicht nach *vorne* und *hinten.*

Gleichgewichts-Übung 4:
Verlagern Sie vorsichtig mit *geschlossenen Augen* das Gewicht nach *vorne* und *hinten.*

Gleichgewichts-Übung 5:
Heben Sie bei der Verlagerung des Gewichtes auf das *rechte Bein* mit *offenen Augen* den linken Fuß vorsichtig etwas vom Boden und halten Sie ihn für mehrere Sekunden in der Luft.

Gleichgewichts-Übung 6:
Heben Sie bei der Verlagerung des Gewichtes auf das *rechte Bein* mit *geschlossenen Augen* den linken Fuß vorsichtig etwas vom Boden und halten Sie ihn für mehrere Sekunden in der Luft.

Gleichgewichts-Übung 7:
Heben Sie bei der Verlagerung des Gewichtes auf das *linke Bein* mit *offenen Augen* den rechten Fuß vorsichtig etwas vom Boden und halten Sie ihn für mehrere Sekunden in der Luft.

Gleichgewichts-Übung 8:
Heben Sie bei der Verlagerung des Gewichtes auf das *linke Bein* mit *geschlossenen Augen* den rechten Fuß vorsichtig etwas vom Boden und halten Sie ihn für mehrere Sekunden in der Luft.

Abbildung 41: Gleichgewichts-Übung 7

Hinweis:
Üben Sie nie zu lange mit geschlossenen Augen. Öffnen Sie bei diesen Übungen sofort die Augen, wenn Ihnen schwindelig wird.

Partnerübungen

Partner-Übung 1:
Stupsen Sie den Luftballon dem Partner zuerst mit dem Daumen zu, der ihn dann mit seinem Daumen wieder zurückstupst. Anschließend üben Sie mit dem Zeigefinger usw.

Abbildung 42: Partner-Übung 1

Partner-Übung 2:
Nehmen Sie *zwei* Luftballons. Jeder stupst seinen Ballon mit dem Zeigefinger dem Partner zu. Hier muss man besonders schnell reagieren.

Abbildung 43: Partner-Übung 2

Partner-Übung 3:
Halten Sie beide zusammen eine Stofftasche fest und versuchen Sie mit dieser gemeinsam einen Luftballon in der Luft zu halten.

Abbildung 44: Partner-Übung 3

Für ein effektives Training mit komfortabler Erfolgskontrolle steht Ihnen auch das SimA-basic-PC-Programm zur Verfügung. Das Programm enthält 26 Übungen zum Training der geistigen Fähigkeiten und 32 Kurz-Video-Sequenzen zur Erläuterung der in Kapitel 9.2 eingeführten psychomotorischen Übungen. Die Übungen kann man sich täglich individuell zusammenstellen bzw. als ein täglich wechselndes Programm vorschlagen lassen. Zudem bietet das Programm umfangreiche Dokumentationsmöglichkeiten, die eine komfortable Kontrolle der individuellen Übungserfolge erlauben.

Nähere Informationen zur SimA-basic-CD finden Sie in Kap. 12 auf Seite 225.

Das 14-Tage-Programm

10 Das 14-Tage-Programm

Im Folgenden finden Sie das SimA®-Programm für 14 Tage. Nach 14 Tagen beginnen Sie wieder am ersten Tag. Falls Sie die eine oder andere Übung noch nicht richtig verstanden haben, dann schauen Sie bitte nochmals im vorangegangenen Kapitel 9 nach. Nehmen Sie sich jeden Tag 15-30 Minuten Zeit. Diese Zeit ist nach den Ergebnissen der SimA®-Studie gut angelegt.
In die nachfolgende Liste können Sie die Mengen- bzw. Zeitwerte für die Übungen **„Sich an Details erinnern“** und **„Farb-Worte“** eintragen.

Beginnen Sie am besten an einem Montag.

Tag	Details morgens	Details abends	Farb-Worte	Zeit
1. Tag			Tafel 1	
2. Tag			Tafel 2	
3. Tag			Tafel 3	
4. Tag			Tafel 4	
5. Tag			Tafel 5	
6. Tag			Tafel 6	
7. Tag			Tafel 7	
8. Tag			Tafel 8	
9. Tag			Tafel 9	
10. Tag			Tafel 10	
11. Tag			Tafel 11	
12. Tag			Tafel 12	
13. Tag			Tafel 13	
14. Tag			Tafel 14	

Gedächtnistraining

Sich an Details erinnern

- Zeitung wie immer lesen.
- Nach Abschluss des Zeitungslesens möglichst viele erinnerte Details notieren.
- Übereinstimmung der Notizen mit dem Zeitungstext überprüfen.
- Anzahl der erinnerten Details in die Liste eintragen.

Schrift auf dem Kopf

- Zeitung auf den Kopf stellen und mindestens 5 Zeilen, besser einen ganzen Artikel laut vorlesen.

Zwei Buchstaben suchen (a und n)

- Zeitung zur Hand nehmen.
- Artikel aussuchen (jeden Tag einen ähnlich großen).
- Zeile für Zeile alle „a"s und „n"s gleichzeitig möglichst schnell heraussuchen und anstreichen.

Am Abend Zeitungstext erinnern

- Alle erinnerten Details aus der Morgenzeitung möglichst genau notieren.
- Übereinstimmung der Notizen mit dem Zeitungstext überprüfen.
- Anzahl der erinnerten Details in die Liste eintragen.

Farb-Worte
Benutzen Sie für die heutige Übung die Farb-Wort-Tafel 1 auf Seite 163.

- Druckfarben der Reihe nach laut aussprechen.
- Benötigte Zeit ablesen und in die Liste eintragen.

Psychomotoriktraining

Luftballonübung

1. Stupsen mit *rechter Handfläche*
2. Stupsen mit *rechter Handfläche* und *Handrücken*
3. Stupsen mit *linker Handfläche*
4. Stupsen mit *linker Handfläche* und *Handrücken*
5. Stupsen mit *rechter* und *linker Handfläche*
6. Fingerwechsel, *rechter* Daumen dann *linker* Daumen, *rechter* Zeigefinger dann *linker* Zeigefinger usw.

Fingerspiel

1. *Rechter Daumen* zu a) rechter Zeigefinger, b) rechter Mittelfinger, c) rechter Ringfinger, d) rechter kleiner Finger
2. *Linker Daumen* zu a) linker Zeigefinger, b) linker Mittelfinger, c) linker Ringfinger, d) linker kleinen Finger
3. (1) und (2) gleichzeitig

Taschenübung

1. *Rechter Fuß* in Stofftasche und diese mit beiden Händen mehrmals zum Körper ziehen.
2. *Linker Fuß* in Stofftasche und diese mit beiden Händen mehrmals zum Körper ziehen.
3. Stofftasche um *linke Wade* schlingen und linkes Bein gestreckt mit beiden Händen anheben.
4. Stofftasche um *rechte Wade* schlingen und rechtes Bein gestreckt mit beiden Händen anheben.
5. Stofftasche hinter dem Rücken mit *beiden Händen* greifen und Arme gestreckt vom Körper wegdrücken.
6. Stofftasche um die *linke Hand* schlingen und mit rechter Hand leicht zu sich hin ziehen.
7. Stofftasche um die *rechte Hand* schlingen und mit linker Hand leicht zu sich hin ziehen.

Montag, 1. Tag

rot	grün	gelb	blau	gelb	grün
gelb	rot	gelb	grün	blau	rot
gelb	blau	grün	blau	grün	gelb
rot	gelb	blau	grün	blau	grün
rot	grün	gelb	rot	gelb	blau
grün	blau	rot	grün	rot	blau
gelb	rot	blau	rot	grün	gelb
grün	gelb	blau	gelb	grün	rot
gelb	grün	rot	blau	rot	gelb
blau	rot	grün	gelb	blau	grün
blau	gelb	rot	gelb	grün	rot
grün	blau	gelb	blau	gelb	rot
gelb	grün	blau	grün	gelb	blau
rot	blau	grün	gelb	rot	grün

Abbildung 45: Farb-Wort-Tafel 1

Gedächtnistraining

Sich an Details erinnern

- Zeitung wie immer lesen.
- Nach Abschluss des Zeitungslesens möglichst viele erinnerte Details notieren.
- Übereinstimmung der Notizen mit dem Zeitungstext überprüfen.
- Anzahl der erinnerten Details in die Liste eintragen.

Schrift auf dem Kopf

- Zeitung auf den Kopf stellen und mindestens 5 Zeilen, besser einen ganzen Artikel laut vorlesen.

Zwei Buchstaben suchen (o und m)

- Zeitung zur Hand nehmen.
- Artikel aussuchen (jeden Tag einen ähnlich großen).
- Zeile für Zeile alle „o“s und „m“s gleichzeitig möglichst schnell heraussuchen und anstreichen.

Am Abend Zeitungstext erinnern

- Alle erinnerten Details aus der Morgenzeitung möglichst genau notieren.
- Übereinstimmung der Notizen mit dem Zeitungstext überprüfen.
- Anzahl der erinnerten Details in die Liste eintragen.

Farb-Worte
Benutzen Sie für die heutige Übung die Farb-Wort-Tafel 2 auf Seite 167.

- Druckfarben der Reihe nach laut aussprechen.
- Benötigte Zeit ablesen und in die Liste eintragen.

Psychomotoriktraining

Luftballonübung

1. Stupsen mit *rechter Handfläche*
2. Stupsen mit *rechter Handfläche* und *Handrücken*
3. Stupsen mit *linker Handfläche*
4. Stupsen mit *linker Handfläche* und *Handrücken*
5. Stupsen mit *rechter* und *linker Handfläche*
6. Fingerwechsel, *rechter* Daumen, dann *linker* Daumen, *rechter* Zeigefinger, dann *linker* Zeigefinger usw.

Fingerspiel

1. *Rechter Daumen* zu a) rechter Zeigefinger, b) rechter Mittelfinger, c) rechter Ringfinger, d) rechter kleiner Finger
2. *Linker Daumen* zu a) linker Zeigefinger, b) linker Mittelfinger, c) linker Ringfinger, d) linker kleinen Finger
3. (1) und (2) gleichzeitig

Taschenstab-Übung

1. Halten Sie den Taschenstab in Hochhalte und *beugen Sie mehrmals Ihren Oberkörper* nach rechts und nach links.
2. Halten Sie den Taschenstab in Hochhalte. *Drehen Sie Ihren Oberkörper* mehrmals leicht nach rechts und nach links.
3. Führen Sie den Taschenstab mit beiden Armen *über Ihren Kopf in Ihren Nacken.*
4. Halten Sie den Taschenstab mit der *rechten Hand* von oben hinter Ihrem Rücken und greifen Sie Ihn von unten mit der linken Hand. Versuchen Sie mit der linken Hand möglichst weit nach oben zu „klettern".
5. Wiederholen Sie Übung 4 mit der *linken Hand.* Die linke Hand hält den Taschenstab von oben hinter Ihrem Rücken. Die rechte Hand versucht ihn zu greifen und möglichst weit nach oben zu „klettern".

rot	blau	grün	gelb	rot	grün
gelb	grün	blau	grün	gelb	blau
grün	blau	gelb	blau	gelb	rot
blau	gelb	rot	gelb	grün	rot
blau	rot	grün	gelb	blau	grün
gelb	grün	rot	blau	rot	gelb
grün	gelb	blau	gelb	grün	rot
gelb	rot	blau	rot	grün	gelb
grün	blau	rot	grün	rot	blau
rot	grün	gelb	rot	gelb	blau
rot	gelb	blau	grün	blau	grün
gelb	blau	grün	blau	grün	gelb
grün	rot	gelb	grün	blau	rot
blau	grün	gelb	blau	gelb	grün

Abbildung 46: Farb-Wort-Tafel 2

Gedächtnistraining

Sich an Details erinnern

- Zeitung wie immer lesen.
- Nach Abschluss des Zeitungslesens möglichst viele erinnerte Details notieren.
- Übereinstimmung der Notizen mit dem Zeitungstext überprüfen.
- Anzahl der erinnerten Details in die Liste eintragen.

Schrift auf dem Kopf

- Zeitung auf den Kopf stellen und mindestens 5 Zeilen, besser einen ganzen Artikel laut vorlesen.

Zwei Buchstaben suchen (u und t)

- Zeitung zur Hand nehmen.
- Artikel aussuchen (jeden Tag einen ähnlich großen).
- Zeile für Zeile alle „u"s und „t"s gleichzeitig möglichst schnell heraussuchen und anstreichen.

Am Abend Zeitungstext erinnern

- Alle erinnerten Details aus der Morgenzeitung möglichst genau notieren.
- Übereinstimmung der Notizen mit dem Zeitungstext überprüfen.
- Anzahl der erinnerten Details in die Liste eintragen.

Farb-Worte
Benutzen Sie für die heutige Übung die Farb-Wort-Tafel 3 auf Seite 171.

- Druckfarben der Reihe nach laut aussprechen
- Benötigte Zeit ablesen und in die Liste eintragen

Psychomotoriktraining

Luftballonübung

1. Stupsen mit *rechter Handfläche*
2. Stupsen mit *rechter Handfläche* und *Handrücken*
3. Stupsen mit *linker Handfläche*
4. Stupsen mit *linker Handfläche* und *Handrücken*
5. Stupsen mit *rechter* und *linker Handfläche*
6. Fingerwechsel, *rechter* Daumen, dann *linker* Daumen, *rechter* Zeigefinger, dann *linker* Zeigefinger usw.

Fingerspiel

1. *Rechter Daumen* zu a) rechter Zeigefinger, b) rechter Mittelfinger, c) rechter Ringfinger, d) rechter kleiner Finger
2. *Linker Daumen* zu a) linker Zeigefinger, b) linker Mittelfinger, c) linker Ringfinger, d) linker kleinen Finger
3. (1) und (2) gleichzeitig

Gleichgewichtsübung

1. Verlagern Sie vorsichtig mehrmals das Gewicht mit *offenen Augen* nach *rechts* und nach *links,* d.h. von einem Fuß auf den anderen.
2. Verlagern Sie vorsichtig mehrmals das Gewicht mit *geschlossenen Augen* nach *rechts* und nach *links,* d.h. von einem Fuß auf den anderen.
3. Verlagern Sie vorsichtig mit *offenen Augen* das Gewicht nach *vorne* und *hinten.*
4. Verlagern Sie vorsichtig mit *geschlossenen Augen* das Gewicht nach *vorne* und *hinten.*
5. Heben Sie bei der Verlagerung des Gewichtes auf das *rechte Bein* mit *offenen Augen* den *linken Fuß* vorsichtig etwas vom Boden und halten Sie ihn für mehrere Sekunden in der Luft.
6. Heben Sie bei der Verlagerung des Gewichtes auf das *rechte Bein* mit *geschlossenen Augen* den *linken Fuß* vorsichtig etwas vom Boden und halten Sie ihn für mehrere Sekunden in der Luft.
7. Heben Sie bei der Verlagerung des Gewichtes auf das *linke Bein* mit *offenen Augen* den *rechten Fuß* vorsichtig etwas vom Boden und halten Sie ihn für mehrere Sekunden in der Luft.
8. Heben Sie bei der Verlagerung des Gewichtes auf das *linke Bein* mit *geschlossenen Augen* den *rechten Fuß* vorsichtig etwas vom Boden und halten Sie ihn für mehrere Sekunden in der Luft.

grün	gelb	blau	gelb	grün	blau
rot	blau	grün	gelb	rot	grün
gelb	grün	blau	grün	blau	gelb
grün	blau	grün	blau	gelb	rot
blau	gelb	rot	gelb	grün	rot
blau	rot	grün	rot	blau	grün
gelb	grün	rot	blau	rot	gelb
rot	grün	gelb	blau	gelb	grün
gelb	rot	blau	rot	grün	gelb
grün	blau	rot	grün	rot	blau
rot	grün	gelb	rot	gelb	blau
rot	gelb	blau	gelb	blau	grün
blau	gelb	grün	blau	grün	gelb
grün	rot	gelb	grün	blau	rot

Abbildung 47: Farb-Wort-Tafel 3

Gedächtnistraining

Sich an Details erinnern

- Zeitung wie immer lesen.
- Nach Abschluss des Zeitungslesens möglichst viele erinnerte Details notieren.
- Übereinstimmung der Notizen mit dem Zeitungstext überprüfen.
- Anzahl der erinnerten Details in die Liste eintragen.

Schrift auf dem Kopf

- Zeitung auf den Kopf stellen und mindestens 5 Zeilen, besser einen ganzen Artikel laut vorlesen.

Zwei Buchstaben suchen (a und g)

- Zeitung zur Hand nehmen.
- Artikel aussuchen (jeden Tag einen ähnlich großen).
- Zeile für Zeile alle „a"s und „g"s gleichzeitig möglichst schnell heraussuchen und anstreichen.

Am Abend Zeitungstext erinnern

- Alle erinnerten Details aus der Morgenzeitung möglichst genau notieren.
- Übereinstimmung der Notizen mit dem Zeitungstext überprüfen.
- Anzahl der erinnerten Details in die Liste eintragen.

Farb-Worte
Benutzen Sie für die heutige Übung die Farb-Wort-Tafel 4 auf Seite 175.

- Druckfarben der Reihe nach laut aussprechen.
- Benötigte Zeit ablesen und in die Liste eintragen.

Psychomotoriktraining

Luftballonübung

1. Stupsen mit *rechter Handfläche*
2. Stupsen mit *rechter Handfläche* und *Handrücken*
3. Stupsen mit *linker Handfläche*
4. Stupsen mit *linker Handfläche* und *Handrücken*
5. Stupsen mit *rechter* und *linker Handfläche*
6. Fingerwechsel, *rechter* Daumen, dann *linker* Daumen, *rechter* Zeigefinger, dann *linker* Zeigefinger usw.

Fingerspiel

1. *Rechter Daumen* zu a) rechter Zeigefinger, b) rechter Mittelfinger, c) rechter Ringfinger, d) rechter kleiner Finger
2. *Linker Daumen* zu a) linker Zeigefinger, b) linker Mittelfinger, c) linker Ringfinger, d) linker kleinen Finger
3. (1) und (2) gleichzeitig

Taschen-Übung

1. *Rechter Fuß* in Stofftasche und diese mit beiden Händen mehrmals zum Körper ziehen.
2. *Linker Fuß* in Stofftasche und diese mit beiden Händen mehrmals zum Körper ziehen.
3. Stofftasche um *linke Wade* schlingen und linkes Bein gestreckt mit beiden Händen anheben.
4. Stofftasche um *rechte Wade* schlingen und rechtes Bein gestreckt mit beiden Händen anheben.
5. Stofftasche hinter dem Rücken mit *beiden Händen* greifen und Arme gestreckt vom Körper wegdrücken.
6. Stofftasche um die *linke Hand* schlingen und mit rechter Hand leicht zu sich hin ziehen.
7. Stofftasche um die *rechte Hand* schlingen und mit linker Hand leicht zu sich hin ziehen.

grün	rot	gelb	grün	blau	rot
blau	gelb	grün	blau	grün	gelb
rot	gelb	blau	gelb	blau	grün
rot	grün	gelb	rot	gelb	blau
grün	blau	rot	grün	rot	blau
gelb	rot	blau	rot	grün	gelb
rot	grün	gelb	blau	gelb	grün
gelb	grün	rot	blau	rot	gelb
blau	rot	grün	rot	blau	grün
blau	gelb	rot	gelb	grün	rot
grün	blau	gelb	blau	gelb	rot
gelb	grün	blau	grün	blau	gelb
rot	blau	grün	gelb	rot	grün
grün	gelb	blau	gelb	grün	rot

Abbildung 48: Farb-Wort-Tafel 4

Freitag, 5. Tag

Gedächtnistraining

Sich an Details erinnern

- Zeitung wie immer lesen.
- Nach Abschluss des Zeitungslesens möglichst viele erinnerte Details notieren.
- Übereinstimmung der Notizen mit dem Zeitungstext überprüfen.
- Anzahl der erinnerten Details in die Liste eintragen.

Schrift auf dem Kopf

- Zeitung auf den Kopf stellen und mindestens 5 Zeilen, besser einen ganzen Artikel laut vorlesen.

Zwei Buchstaben suchen (o und r)

- Zeitung zur Hand nehmen.
- Artikel aussuchen (jeden Tag einen ähnlich großen).
- Zeile für Zeile alle „o"s und „r"s gleichzeitig möglichst schnell heraussuchen und anstreichen.

Am Abend Zeitungstext erinnern

- Alle erinnerten Details aus der Morgenzeitung möglichst genau notieren.
- Übereinstimmung der Notizen mit dem Zeitungstext überprüfen.
- Anzahl der erinnerten Details in die Liste eintragen.

Farb-Worte
Benutzen Sie für die heutige Übung die Farb-Wort-Tafel 5 auf Seite 179.

- Druckfarben der Reihe nach laut aussprechen.
- Benötigte Zeit ablesen und in die Liste eintragen.

Psychomotoriktraining

Luftballonübung

1. Stupsen mit *rechter Handfläche*
2. Stupsen mit *rechter Handfläche* und *Handrücken*
3. Stupsen mit *linker Handfläche*
4. Stupsen mit *linker Handfläche* und *Handrücken*
5. Stupsen mit *rechter* und *linker Handfläche*
6. Fingerwechsel, *rechter* Daumen, dann *linker* Daumen, *rechter* Zeigefinger, dann *linker* Zeigefinger usw.

Fingerspiel

1. *Rechter Daumen* zu a) rechter Zeigefinger, b) rechter Mittelfinger, c) rechter Ringfinger, d) rechter kleiner Finger
2. *Linker Daumen* zu a) linker Zeigefinger, b) linker Mittelfinger, c) linker Ringfinger, d) linker kleinen Finger
3. (1) und (2) gleichzeitig

Taschenstab-Übung

1. Halten Sie den Taschenstab in Hochhalte und *beugen Sie mehrmals Ihren Oberkörper* nach rechts und nach links.
2. Halten Sie den Taschenstab in Hochhalte. *Drehen Sie Ihren Oberkörper* mehrmals leicht nach rechts und nach links.
3. Führen Sie den Taschenstab mit beiden Armen *über Ihren Kopf in Ihren Nacken.*
4. Halten Sie den Taschenstab mit der *rechten Hand* von oben hinter Ihrem Rücken und greifen Sie Ihn von unten mit der linken Hand. Versuchen Sie mit der linken Hand möglichst weit nach oben zu „klettern“.
5. Wiederholen Sie Übung 4 mit der *linken Hand*. Die linke Hand hält den Taschenstab von oben hinter Ihrem Rücken. Die rechte Hand versucht ihn zu greifen und möglichst weit nach oben zu „klettern“.

Freitag, 5. Tag

<table>
<tr><td>grün</td><td>rot</td><td>gelb</td><td>grün</td><td>blau</td><td>rot</td></tr>
<tr><td>gelb</td><td>blau</td><td>grün</td><td>blau</td><td>grün</td><td>gelb</td></tr>
<tr><td>rot</td><td>gelb</td><td>blau</td><td>gelb</td><td>blau</td><td>grün</td></tr>
<tr><td>rot</td><td>grün</td><td>gelb</td><td>rot</td><td>gelb</td><td>blau</td></tr>
<tr><td>grün</td><td>blau</td><td>rot</td><td>grün</td><td>rot</td><td>blau</td></tr>
<tr><td>gelb</td><td>rot</td><td>blau</td><td>rot</td><td>grün</td><td>gelb</td></tr>
<tr><td>rot</td><td>grün</td><td>gelb</td><td>blau</td><td>gelb</td><td>grün</td></tr>
<tr><td>gelb</td><td>grün</td><td>rot</td><td>blau</td><td>rot</td><td>gelb</td></tr>
<tr><td>blau</td><td>rot</td><td>grün</td><td>rot</td><td>blau</td><td>grün</td></tr>
<tr><td>blau</td><td>gelb</td><td>rot</td><td>gelb</td><td>grün</td><td>rot</td></tr>
<tr><td>grün</td><td>blau</td><td>grün</td><td>blau</td><td>gelb</td><td>rot</td></tr>
<tr><td>gelb</td><td>grün</td><td>blau</td><td>grün</td><td>blau</td><td>gelb</td></tr>
<tr><td>rot</td><td>blau</td><td>grün</td><td>gelb</td><td>rot</td><td>grün</td></tr>
<tr><td>blau</td><td>gelb</td><td>blau</td><td>grün</td><td>gelb</td><td>rot</td></tr>
</table>

Abbildung 49: Farb-Wort-Tafel 5

Gedächtnistraining

Sich an Details erinnern

- Zeitung wie immer lesen.
- Nach Abschluss des Zeitungslesens möglichst viele erinnerte Details notieren.
- Übereinstimmung der Notizen mit dem Zeitungstext überprüfen.
- Anzahl der erinnerten Details in die Liste eintragen.

Schrift auf dem Kopf

- Zeitung auf den Kopf stellen und mindestens 5 Zeilen, besser einen ganzen Artikel laut vorlesen.

Zwei Buchstaben suchen (u und s)

- Zeitung zur Hand nehmen.
- Artikel aussuchen (jeden Tag einen ähnlich großen).
- Zeile für Zeile alle „u“s und „s“s gleichzeitig möglichst schnell heraussuchen und anstreichen.

Am Abend Zeitungstext erinnern

- Alle erinnerten Details aus der Morgenzeitung möglichst genau notieren.
- Übereinstimmung der Notizen mit dem Zeitungstext überprüfen.
- Anzahl der erinnerten Details in die Liste eintragen.

Farb-Worte
Benutzen Sie für die heutige Übung die Farb-Wort-Tafel 6 auf Seite 183.

- Druckfarben der Reihe nach laut aussprechen.
- Benötigte Zeit ablesen und in die Liste eintragen.

Psychomotoriktraining

Luftballonübung

1. Stupsen mit *rechter Handfläche*
2. Stupsen mit *rechter Handfläche* und *Handrücken*
3. Stupsen mit *linker Handfläche*
4. Stupsen mit *linker Handfläche* und *Handrücken*
5. Stupsen mit *rechter* und *linker Handfläche*
6. Fingerwechsel, *rechter* Daumen, dann *linker* Daumen, *rechter* Zeigefinger, dann *linker* Zeigefinger usw.

Fingerspiel

1. *Rechter Daumen* zu a) rechter Zeigefinger, b) rechter Mittelfinger, c) rechter Ringfinger, d) rechter kleiner Finger
2. *Linker Daumen* zu a) linker Zeigefinger, b) linker Mittelfinger, c) linker Ringfinger, d) linker kleinen Finger
3. (1) und (2) gleichzeitig

Gleichgewichtsübung

1. Verlagern Sie vorsichtig mehrmals das Gewicht mit *offenen Augen* nach *rechts* und nach *links,* d.h. von einem Fuß auf den anderen.
2. Verlagern Sie vorsichtig mehrmals das Gewicht mit *geschlossenen Augen* nach *rechts* und nach *links,* d.h. von einem Fuß auf den anderen.
3. Verlagern Sie vorsichtig mit *offenen Augen* das Gewicht nach *vorne* und *hinten*
4. Verlagern Sie vorsichtig mit *geschlossenen Augen* das Gewicht nach *vorne* und *hinten.*
5. Heben Sie bei der Verlagerung des Gewichtes auf das *rechte Bein* mit *offenen Augen* den *linken Fuß* vorsichtig etwas vom Boden und halten Sie ihn für mehrere Sekunden in der Luft.
6. Heben Sie bei der Verlagerung des Gewichtes auf das *rechte Bein* mit *geschlossenen Augen* den *linken Fuß* vorsichtig etwas vom Boden und halten Sie ihn für mehrere Sekunden in der Luft.
7. Heben Sie bei der Verlagerung des Gewichtes auf das *linke Bein* mit *offenen Augen* den *rechten Fuß* vorsichtig etwas vom Boden und halten Sie ihn für mehrere Sekunden in der Luft.
8. Heben Sie bei der Verlagerung des Gewichtes auf das *linke Bein* mit *geschlossenen Augen* den *rechten Fuß* vorsichtig etwas vom Boden und halten Sie ihn für mehrere Sekunden in der Luft.

gelb	rot	blau	rot	grün	gelb
grün	blau	rot	grün	rot	blau
rot	grün	gelb	rot	gelb	blau
rot	gelb	blau	gelb	blau	grün
gelb	blau	grün	blau	grün	gelb
grün	rot	gelb	grün	blau	gelb
rot	grün	gelb	blau	gelb	grün
blau	rot	grün	gelb	rot	grün
gelb	grün	blau	grün	gelb	blau
grün	blau	gelb	blau	gelb	rot
blau	gelb	rot	gelb	grün	rot
blau	rot	grün	gelb	blau	grün
gelb	grün	rot	blau	rot	gelb
grün	gelb	blau	gelb	grün	rot

Abbildung 50: Farb-Wort-Tafel 6

Gedächtnistraining

Sich an Details erinnern

- Zeitung wie immer lesen.
- Nach Abschluss des Zeitungslesens möglichst viele erinnerte Details notieren.
- Übereinstimmung der Notizen mit dem Zeitungstext überprüfen.
- Anzahl der erinnerten Details in die Liste eintragen.

Schrift auf dem Kopf

- Zeitung auf den Kopf stellen und mindestens 5 Zeilen, besser einen ganzen Artikel laut vorlesen.

Zwei Buchstaben suchen (a und n)

- Zeitung zur Hand nehmen.
- Artikel aussuchen (jeden Tag einen ähnlich großen).
- Zeile für Zeile alle „a“s und „n“s gleichzeitig möglichst schnell heraussuchen und anstreichen.

Am Abend Zeitungstext erinnern

- Alle erinnerten Details aus der Morgenzeitung möglichst genau notieren.
- Übereinstimmung der Notizen mit dem Zeitungstext überprüfen.
- Anzahl der erinnerten Details in die Liste eintragen.

Farb-Worte
Benutzen Sie für die heutige Übung die Farb-Wort-Tafel 7 auf Seite 186.

- Druckfarben der Reihe nach laut aussprechen.
- Benötigte Zeit ablesen und in die Liste eintragen.

Psychomotoriktraining

Luftballonübung

1. Stupsen mit *rechter Handfläche*
2. Stupsen mit *rechter Handfläche* und *Handrücken*
3. Stupsen mit *linker Handfläche*
4. Stupsen mit *linker Handfläche* und *Handrücken*
5. Stupsen mit *rechter* und *linker Handfläche*
6. Fingerwechsel, *rechter* Daumen, dann *linker* Daumen, *rechter* Zeigefinger, dann *linker* Zeigefinger usw.

Fingerspiel

1. *Rechter Daumen* zu a) rechter Zeigefinger, b) rechter Mittelfinger, c) rechter Ringfinger, d) rechter kleiner Finger
2. *Linker Daumen* zu a) linker Zeigefinger, b) linker Mittelfinger, c) linker Ringfinger, d) linker kleinen Finger
3. (1) und (2) gleichzeitig

rot	gelb	blau	grün	blau	gelb
blau	grün	gelb	blau	rot	grün
rot	blau	grün	gelb	grün	rot
gelb	grün	gelb	blau	rot	blau
rot	blau	grün	gelb	blau	rot
grün	rot	gelb	rot	grün	gelb
rot	grün	blau	gelb	gelb	grün
blau	rot	gelb	grün	rot	grün
gelb	grün	rot	blau	gelb	blau
grün	blau	blau	gelb	gelb	rot
gelb	blau	rot	blau	grün	rot
blau	rot	grün	rot	blau	grün
gelb	grün	blau	rot	grün	gelb
grün	blau	gelb	grün	blau	rot

Abbildung 51: Farb-Wort-Tafel 7

Montag, 8. Tag

Gedächtnistraining

Sich an Details erinnern

- Zeitung wie immer lesen.
- Nach Abschluss des Zeitungslesens möglichst viele erinnerte Details notieren.
- Übereinstimmung der Notizen mit dem Zeitungstext überprüfen.
- Anzahl der erinnerten Details in die Liste eintragen.

Schrift auf dem Kopf

- Zeitung auf den Kopf stellen und mindestens 5 Zeilen, besser einen ganzen Artikel laut vorlesen.

Zwei Buchstaben suchen (o und s)

- Zeitung zur Hand nehmen.
- Artikel aussuchen (jeden Tag einen ähnlich großen).
- Zeile für Zeile alle „o"s und „s"s gleichzeitig möglichst schnell heraussuchen und anstreichen.

Am Abend Zeitungstext erinnern

- Alle erinnerten Details aus der Morgenzeitung möglichst genau notieren.
- Übereinstimmung der Notizen mit dem Zeitungstext überprüfen.
- Anzahl der erinnerten Details in die Liste eintragen.

Farb-Worte
Benutzen Sie für die heutige Übung die Farb-Wort-Tafel 8 auf Seite 190.

- Druckfarben der Reihe nach laut aussprechen.
- Benötigte Zeit ablesen und in die Liste eintragen.

Psychomotoriktraining

Luftballonübung

1. Stupsen mit *rechter Handfläche*
2. Stupsen mit *rechter Handfläche* und *Handrücken*
3. Stupsen mit *linker Handfläche*
4. Stupsen mit *linker Handfläche* und *Handrücken*
5. Stupsen mit *rechter* und *linker Handfläche*
6. Fingerwechsel, *rechter* Daumen, dann *linker* Daumen, *rechter* Zeigefinger, dann *linker* Zeigefinger usw.

Fingerspiel

1. *Rechter Daumen* zu a) rechter Zeigefinger, b) rechter Mittelfinger, c) rechter Ringfinger, d) rechter kleiner Finger
2. *Linker Daumen* zu a) linker Zeigefinger, b) linker Mittelfinger, c) linker Ringfinger, d) linker kleinen Finger
3. (1) und (2) gleichzeitig

Taschen-Übung

1. *Rechter Fuß* in Stofftasche und diese mit beiden Händen mehrmals zum Körper ziehen.
2. *Linker Fuß* in Stofftasche und diese mit beiden Händen mehrmals zum Körper ziehen.
3. Stofftasche um *linke Wade* schlingen und linkes Bein gestreckt mit beiden Händen anheben.
4. Stofftasche um *rechte Wade* schlingen und rechtes Bein gestreckt mit beiden Händen anheben.
5. Stofftasche hinter dem Rücken mit *beiden Händen* greifen und Arme gestreckt vom Körper wegdrücken.
6. Stofftasche um die *linke Hand* schlingen und mit rechter Hand leicht zu sich hin ziehen.
7. Stofftasche um die *rechte Hand* schlingen und mit linker Hand leicht zu sich hin ziehen.

gelb	blau	grün	blau	gelb	rot
grün	rot	blau	gelb	grün	blau
rot	grün	gelb	rot	blau	grün
blau	rot	blau	gelb	grün	gelb
grün	blau	gelb	grün	blau	rot
gelb	grün	rot	gelb	rot	grün
rot	gelb	gelb	blau	grün	rot
grün	rot	grün	gelb	rot	blau
rot	gelb	blau	rot	grün	gelb
grün	gelb	grün	gelb	blau	grün
rot	grün	blau	rot	blau	gelb
grün	blau	rot	grün	rot	blau
gelb	grün	rot	blau	grün	gelb
rot	blau	grün	gelb	blau	grün

Abbildung 52: Farb-Wort-Tafel 8

Gedächtnistraining

Sich an Details erinnern

- Zeitung wie immer lesen.
- Nach Abschluss des Zeitungslesens möglichst viele erinnerte Details notieren.
- Übereinstimmung der Notizen mit dem Zeitungstext überprüfen.
- Anzahl der erinnerten Details in die Liste eintragen.

Schrift auf dem Kopf

- Zeitung auf den Kopf stellen und mindestens 5 Zeilen, besser einen ganzen Artikel laut vorlesen.

Zwei Buchstaben suchen (u und m)

- Zeitung zur Hand nehmen.
- Artikel aussuchen (jeden Tag einen ähnlich großen).
- Zeile für Zeile alle „u“s und „m“s gleichzeitig möglichst schnell heraussuchen und anstreichen.

Am Abend Zeitungstext erinnern

- Alle erinnerten Details aus der Morgenzeitung möglichst genau notieren.
- Übereinstimmung der Notizen mit dem Zeitungstext überprüfen.
- Anzahl der erinnerten Details in die Liste eintragen.

Farb-Worte
Benutzen Sie für die heutige Übung die Farb-Wort-Tafel 9 auf Seite 194.

- Druckfarben der Reihe nach laut aussprechen.
- Benötigte Zeit ablesen und in die Liste eintragen.

Psychomotoriktraining

Luftballonübung

1. Stupsen mit *rechter Handfläche*
2. Stupsen mit *rechter Handfläche* und *Handrücken*
3. Stupsen mit *linker Handfläche*
4. Stupsen mit *linker Handfläche* und *Handrücken*
5. Stupsen mit *rechter* und *linker Handfläche*
6. Fingerwechsel, *rechter* Daumen, dann *linker* Daumen, *rechter* Zeigefinger, dann *linker* Zeigefinger usw.

Fingerspiel

1. *Rechter Daumen* zu a) rechter Zeigefinger, b) rechter Mittelfinger, c) rechter Ringfinger, d) rechter kleiner Finger
2. *Linker Daumen* zu a) linker Zeigefinger, b) linker Mittelfinger, c) linker Ringfinger, d) linker kleinen Finger
3. (1) und (2) gleichzeitig

Taschenstab-Übung

1. Halten Sie den Taschenstab in Hochhalte und *beugen Sie mehrmals Ihren Oberkörper* nach rechts und nach links.
2. Halten Sie den Taschenstab in Hochhalte. *Drehen Sie Ihren Oberkörper* mehrmals leicht nach rechts und nach links.
3. Führen Sie den Taschenstab mit beiden Armen *über Ihren Kopf in Ihren Nacken.*
4. Halten Sie den Taschenstab mit der *rechten Hand* von oben hinter Ihrem Rücken und greifen Sie Ihn von unten mit der linken Hand. Versuchen Sie mit der linken Hand möglichst weit nach oben zu „klettern".
5. Wiederholen Sie Übung 4 mit der *linken Hand*. Die linke Hand hält den Taschenstab von oben hinter Ihrem Rücken. Die rechte Hand versucht ihn zu greifen und möglichst weit nach oben zu „klettern".

<table>
<tr><td>grün</td><td>blau</td><td>gelb</td><td>grün</td><td>blau</td><td>rot</td></tr>
<tr><td>gelb</td><td>grün</td><td>blau</td><td>rot</td><td>grün</td><td>gelb</td></tr>
<tr><td>blau</td><td>rot</td><td>grün</td><td>rot</td><td>blau</td><td>grün</td></tr>
<tr><td>gelb</td><td>blau</td><td>rot</td><td>blau</td><td>grün</td><td>rot</td></tr>
<tr><td>grün</td><td>blau</td><td>blau</td><td>gelb</td><td>gelb</td><td>rot</td></tr>
<tr><td>gelb</td><td>grün</td><td>rot</td><td>blau</td><td>gelb</td><td>blau</td></tr>
<tr><td>gelb</td><td>rot</td><td>gelb</td><td>grün</td><td>rot</td><td>grün</td></tr>
<tr><td>rot</td><td>grün</td><td>blau</td><td>gelb</td><td>gelb</td><td>rot</td></tr>
<tr><td>grün</td><td>rot</td><td>gelb</td><td>rot</td><td>grün</td><td>gelb</td></tr>
<tr><td>rot</td><td>blau</td><td>grün</td><td>gelb</td><td>blau</td><td>rot</td></tr>
<tr><td>gelb</td><td>grün</td><td>gelb</td><td>blau</td><td>rot</td><td>blau</td></tr>
<tr><td>grün</td><td>blau</td><td>rot</td><td>gelb</td><td>grün</td><td>rot</td></tr>
<tr><td>blau</td><td>grün</td><td>gelb</td><td>blau</td><td>rot</td><td>grün</td></tr>
<tr><td>rot</td><td>gelb</td><td>blau</td><td>grün</td><td>blau</td><td>gelb</td></tr>
</table>

Abbildung 53: Farb-Wort-Tafel 9

Gedächtnistraining

Sich an Details erinnern

- Zeitung wie immer lesen.
- Nach Abschluss des Zeitungslesens möglichst viele erinnerte Details notieren.
- Übereinstimmung der Notizen mit dem Zeitungstext überprüfen.
- Anzahl der erinnerten Details in die Liste eintragen.

Schrift auf dem Kopf

- Zeitung auf den Kopf stellen und mindestens 5 Zeilen, besser einen ganzen Artikel laut vorlesen.

Zwei Buchstaben suchen (a und s)

- Zeitung zur Hand nehmen.
- Artikel aussuchen (jeden Tag einen ähnlich großen).
- Zeile für Zeile alle „a"s und „s"s gleichzeitig möglichst schnell heraussuchen und anstreichen.

Am Abend Zeitungstext erinnern

- Alle erinnerten Details aus der Morgenzeitung möglichst genau notieren.
- Übereinstimmung der Notizen mit dem Zeitungstext überprüfen.
- Anzahl der erinnerten Details in die Liste eintragen.

Farb-Worte

Benutzen Sie für die heutige Übung die Farb-Wort-Tafel 10 auf Seite 198.

- Druckfarben der Reihe nach laut aussprechen.
- Benötigte Zeit ablesen und in die Liste eintragen.

Psychomotoriktraining

Luftballonübung

1. Stupsen mit *rechter Handfläche*
2. Stupsen mit *rechter Handfläche* und *Handrücken*
3. Stupsen mit *linker Handfläche*
4. Stupsen mit *linker Handfläche* und *Handrücken*
5. Stupsen mit *rechter* und *linker Handfläche*
6. Fingerwechsel, *rechter* Daumen, dann *linker* Daumen, *rechter* Zeigefinger, dann *linker* Zeigefinger usw.

Fingerspiel

1. *Rechter Daumen* zu a) rechter Zeigefinger, b) rechter Mittelfinger, c) rechter Ringfinger, d) rechter kleiner Finger
2. *Linker Daumen* zu a) linker Zeigefinger, b) linker Mittelfinger, c) linker Ringfinger, d) linker kleinen Finger
3. (1) und (2) gleichzeitig

Gleichgewichtsübung

1. Verlagern Sie vorsichtig mehrmals das Gewicht mit *offenen Augen* nach *rechts* und nach *links,* d.h. von einem Fuß auf den anderen.
2. Verlagern Sie vorsichtig mehrmals das Gewicht mit *geschlossenen Augen* nach *rechts* und nach *links,* d.h. von einem Fuß auf den anderen.
3. Verlagern Sie vorsichtig mit *offenen Augen* das Gewicht nach *vorne* und *hinten.*
4. Verlagern Sie vorsichtig mit *geschlossenen Augen* das Gewicht nach *vorne* und *hinten.*
5. Heben Sie bei der Verlagerung des Gewichtes auf das *rechte Bein* mit *offenen Augen* den *linken Fuß* vorsichtig etwas vom Boden und halten Sie ihn für mehrere Sekunden in der Luft.
6. Heben Sie bei der Verlagerung des Gewichtes auf das *rechte Bein* mit *geschlossenen Augen* den *linken Fuß* vorsichtig etwas vom Boden und halten Sie ihn für mehrere Sekunden in der Luft.
7. Heben Sie bei der Verlagerung des Gewichtes auf das *linke Bein* mit *offenen Augen* den *rechten Fuß* vorsichtig etwas vom Boden und halten Sie ihn für mehrere Sekunden in der Luft.
8. Heben Sie bei der Verlagerung des Gewichtes auf das *linke Bein* mit *geschlossenen Augen* den *rechten Fuß* vorsichtig etwas vom Boden und halten Sie ihn für mehrere Sekunden in der Luft.

gelb	rot	grün	gelb	blau	grün
blau	grün	rot	blau	rot	blau
gelb	rot	gelb	blau	grün	rot
grün	gelb	rot	blau	gelb	grün
rot	blau	gelb	blau	grün	rot
grün	rot	grün	blau	rot	gelb
rot	blau	rot	blau	grün	gelb
grün	rot	blau	gelb	blau	grün
blau	rot	gelb	blau	gelb	rot
gelb	blau	grün	gelb	grün	rot
grün	gelb	blau	grün	gelb	grün
rot	grün	blau	rot	grün	gelb
rot	blau	gelb	grün	gelb	blau
grün	blau	rot	gelb	rot	grün

Abbildung 54: Farb-Wort-Tafel 10

Gedächtnistraining

Sich an Details erinnern

- Zeitung wie immer lesen.
- Nach Abschluss des Zeitungslesens möglichst viele erinnerte Details notieren.
- Übereinstimmung der Notizen mit dem Zeitungstext überprüfen.
- Anzahl der erinnerten Details in die Liste eintragen.

Schrift auf dem Kopf

- Zeitung auf den Kopf stellen und mindestens 5 Zeilen, besser einen ganzen Artikel laut vorlesen.

Zwei Buchstaben suchen (o und h)

- Zeitung zur Hand nehmen.
- Artikel aussuchen (jeden Tag einen ähnlich großen).
- Zeile für Zeile alle „o“s und „h“s gleichzeitig möglichst schnell heraussuchen und anstreichen.

Am Abend Zeitungstext erinnern

- Alle erinnerten Details aus der Morgenzeitung möglichst genau notieren.
- Übereinstimmung der Notizen mit dem Zeitungstext überprüfen.
- Anzahl der erinnerten Details in die Liste eintragen.

Farb-Worte
Benutzen Sie für die heutige Übung die Farb-Wort-Tafel 11 auf Seite 202.

- Druckfarben der Reihe nach laut aussprechen.
- Benötigte Zeit ablesen und in die Liste eintragen.

Psychomotoriktraining

Luftballonübung

1. Stupsen mit *rechter Handfläche*
2. Stupsen mit *rechter Handfläche* und *Handrücken*
3. Stupsen mit *linker Handfläche*
4. Stupsen mit *linker Handfläche* und *Handrücken*
5. Stupsen mit *rechter* und *linker Handfläche*
6. Fingerwechsel, *rechter* Daumen, dann *linker* Daumen, *rechter* Zeigefinger, dann *linker* Zeigefinger usw.

Fingerspiel

1. *Rechter Daumen* zu a) rechter Zeigefinger, b) rechter Mittelfinger, c) rechter Ringfinger, d) rechter kleiner Finger
2. *Linker Daumen* zu a) linker Zeigefinger, b) linker Mittelfinger, c) linker Ringfinger, d) linker kleinen Finger
3. (1) und (2) gleichzeitig

Taschen-Übung

1. *Rechter Fuß* in Stofftasche und diese mit beiden Händen mehrmals zum Körper ziehen.
2. *Linker Fuß* in Stofftasche und diese mit beiden Händen mehrmals zum Körper ziehen.
3. Stofftasche um *linke Wade* schlingen und linkes Bein gestreckt mit beiden Händen anheben.
4. Stofftasche um *rechte Wade* schlingen und rechtes Bein gestreckt mit beiden Händen anheben.
5. Stofftasche hinter dem Rücken *mit beiden Händen* greifen und Arme gestreckt vom Körper wegdrücken.
6. Stofftasche um die *linke Hand* schlingen und mit rechter Hand leicht zu sich hin ziehen.
7. Stofftasche um die *rechte Hand* schlingen und mit linker Hand leicht zu sich hin ziehen.

grün	blau	rot	blau	gelb	grün
rot	gelb	blau	gelb	rot	blau
rot	grün	gelb	grün	blau	gelb
grün	gelb	grün	blau	rot	grün
gelb	grün	rot	blau	grün	gelb
blau	gelb	grün	gelb	blau	rot
grün	rot	gelb	rot	blau	grün
blau	blau	gelb	grün	rot	grün
blau	rot	blau	rot	blau	grün
gelb	grün	blau	gelb	rot	blau
grün	gelb	blau	rot	gelb	grün
rot	grün	blau	gelb	blau	rot
gelb	rot	blau	grün	rot	grün
gelb	grün	blau	rot	blau	gelb

Abbildung 55: Farb-Wort-Tafel 11

Gedächtnistraining

Sich an Details erinnern

- Zeitung wie immer lesen.
- Nach Abschluss des Zeitungslesens möglichst viele erinnerte Details notieren.
- Übereinstimmung der Notizen mit dem Zeitungstext überprüfen.
- Anzahl der erinnerten Details in die Liste eintragen.

Schrift auf dem Kopf

- Zeitung auf den Kopf stellen und mindestens 5 Zeilen, besser einen ganzen Artikel laut vorlesen.

Zwei Buchstaben suchen (u und b)

- Zeitung zur Hand nehmen.
- Artikel aussuchen (jeden Tag einen ähnlich großen).
- Zeile für Zeile alle „u“s und „b“s gleichzeitig möglichst schnell heraussuchen und anstreichen.

Am Abend Zeitungstext erinnern

- Alle erinnerten Details aus der Morgenzeitung möglichst genau notieren.
- Übereinstimmung der Notizen mit dem Zeitungstext überprüfen.
- Anzahl der erinnerten Details in die Liste eintragen.

Farb-Worte
Benutzen Sie für die heutige Übung die Farb-Wort-Tafel 12 auf Seite 206.

- Druckfarben der Reihe nach laut aussprechen.
- Benötigte Zeit ablesen und in die Liste eintragen.

Psychomotoriktraining

Luftballonübung

1. Stupsen mit *rechter Handfläche*
2. Stupsen mit *rechter Handfläche* und *Handrücken*
3. Stupsen mit *linker Handfläche*
4. Stupsen mit *linker Handfläche* und *Handrücken*
5. Stupsen mit *rechter* und *linker Handfläche*
6. Fingerwechsel, *rechter* Daumen, dann *linker* Daumen, *rechter* Zeigefinger, dann *linker* Zeigefinger usw.

Fingerspiel

1. *Rechter Daumen* zu a) rechter Zeigefinger, b) rechter Mittelfinger, c) rechter Ringfinger, d) rechter kleiner Finger
2. *Linker Daumen* zu a) linker Zeigefinger, b) linker Mittelfinger, c) linker Ringfinger, d) linker kleinen Finger
3. (1) und (2) gleichzeitig

Taschenstab-Übung

1. Halten Sie den Taschenstab in Hochhalte und *beugen Sie mehrmals Ihren Oberkörper* nach rechts und nach links.
2. Halten Sie den Taschenstab in Hochhalte. *Drehen Sie Ihren Oberkörper* mehrmals leicht nach rechts und nach links.
3. Führen Sie den Taschenstab mit beiden Armen *über Ihren Kopf in Ihren Nacken.*
4. Halten Sie den Taschenstab mit der *rechten Hand* von oben hinter Ihrem Rücken und greifen Sie Ihn von unten mit der linken Hand. Versuchen Sie mit der linken Hand möglichst weit nach oben zu „klettern".
5. Wiederholen Sie Übung 4 mit der *linken Hand*. Die linke Hand hält den Taschenstab von oben hinter Ihrem Rücken. Die rechte Hand versucht ihn zu greifen und möglichst weit nach oben zu „klettern".

grün	gelb	blau	rot	blau	grün
blau	rot	gelb	blau	gelb	rot
gelb	blau	grün	gelb	grün	rot
grün	rot	blau	grün	gelb	grün
gelb	grün	blau	rot	grün	gelb
rot	blau	gelb	grün	gelb	blau
grün	blau	rot	gelb	rot	gelb
grün	rot	grün	gelb	blau	blau
grün	blau	rot	blau	rot	blau
gelb	rot	gelb	blau	grün	rot
grün	gelb	rot	blau	gelb	grün
rot	blau	gelb	blau	grün	rot
grün	rot	grün	blau	rot	blau
gelb	blau	rot	blau	gelb	grün

Abbildung 56: Farb-Wort-Tafel 12

Samstag, 13. Tag

Gedächtnistraining

Sich an Details erinnern

- Zeitung wie immer lesen.
- Nach Abschluss des Zeitungslesens möglichst viele erinnerte Details notieren.
- Übereinstimmung der Notizen mit dem Zeitungstext überprüfen.
- Anzahl der erinnerten Details in die Liste eintragen.

Schrift auf dem Kopf

- Zeitung auf den Kopf stellen und mindestens 5 Zeilen, besser einen ganzen Artikel laut vorlesen.

Zwei Buchstaben suchen (a und v)

- Zeitung zur Hand nehmen.
- Artikel aussuchen (jeden Tag einen ähnlich großen).
- Zeile für Zeile alle „a“s und „v“s gleichzeitig möglichst schnell heraussuchen und anstreichen.

Am Abend Zeitungstext erinnern

- Alle erinnerten Details aus der Morgenzeitung möglichst genau notieren.
- Übereinstimmung der Notizen mit dem Zeitungstext überprüfen.
- Anzahl der erinnerten Details in die Liste eintragen.

Farb-Worte
Benutzen Sie für die heutige Übung die Farb-Wort-Tafel 13 auf Seite 210.

- Druckfarben der Reihe nach laut aussprechen.
- Benötigte Zeit ablesen und in die Liste eintragen.

Psychomotoriktraining

Luftballonübung

1. Stupsen mit *rechter Handfläche*
2. Stupsen mit *rechter Handfläche* und *Handrücken*
3. Stupsen mit *linker Handfläche*
4. Stupsen mit *linker Handfläche* und *Handrücken*
5. Stupsen mit *rechter* und *linker Handfläche*
6. Fingerwechsel, *rechter* Daumen, dann *linker* Daumen, *rechter* Zeigefinger, dann *linker* Zeigefinger usw.

Fingerspiel

1. *Rechter Daumen* zu a) rechter Zeigefinger, b) rechter Mittelfinger, c) rechter Ringfinger, d) rechter kleiner Finger
2. *Linker Daumen* zu a) linker Zeigefinger, b) linker Mittelfinger, c) linker Ringfinger, d) linker kleinen Finger
3. (1) und (2) gleichzeitig

Gleichgewichtsübung

1. Verlagern Sie vorsichtig mehrmals das Gewicht *mit offenen Augen* nach *rechts* und nach *links,* d.h. von einem Fuß auf den anderen.
2. Verlagern Sie vorsichtig mehrmals das Gewicht mit *geschlossenen Augen* nach *rechts* und nach *links,* d.h. von einem Fuß auf den anderen.
3. Verlagern Sie vorsichtig mit *offenen Augen* das Gewicht nach *vorne* und *hinten.*
4. Verlagern Sie vorsichtig mit *geschlossenen Augen* das Gewicht nach *vorne* und *hinten.*
5. Heben Sie bei der Verlagerung des Gewichtes auf das *rechte Bein* mit *offenen Augen* den *linken Fuß* vorsichtig etwas vom Boden und halten Sie ihn für mehrere Sekunden in der Luft.
6. Heben Sie bei der Verlagerung des Gewichtes auf das *rechte Bein* mit *geschlossenen Augen* den *linken Fuß* vorsichtig etwas vom Boden und halten Sie ihn für mehrere Sekunden in der Luft.
7. Heben Sie bei der Verlagerung des Gewichtes auf das *linke Bein* mit *offenen Augen* den *rechten Fuß* vorsichtig etwas vom Boden und halten Sie ihn für mehrere Sekunden in der Luft.
8. Heben Sie bei der Verlagerung des Gewichtes auf das *linke Bein* mit *geschlossenen Augen* den *rechten Fuß* vorsichtig etwas vom Boden und halten Sie ihn für mehrere Sekunden in der Luft.

gelb	grün	blau	rot	blau	gelb
grün	rot	blau	grün	rot	grün
rot	grün	blau	gelb	blau	rot
grün	gelb	blau	rot	gelb	grün
gelb	grün	blau	gelb	rot	blau
grün	rot	blau	rot	blau	gelb
grün	blau	gelb	grün	rot	gelb
grün	rot	gelb	rot	blau	grün
blau	gelb	grün	gelb	blau	rot
gelb	grün	rot	blau	grün	gelb
grün	gelb	grün	blau	rot	blau
rot	grün	gelb	grün	blau	gelb
rot	gelb	blau	gelb	rot	blau
grün	blau	rot	blau	gelb	grün

Abbildung 57: Farb-Wort-Tafel 13

Gedächtnistraining

Sich an Details erinnern

- Zeitung wie immer lesen.
- Nach Abschluss des Zeitungslesens möglichst viele erinnerte Details notieren.
- Übereinstimmung der Notizen mit dem Zeitungstext überprüfen.
- Anzahl der erinnerten Details in die Liste eintragen.

Schrift auf dem Kopf

- Zeitung auf den Kopf stellen und mindestens 5 Zeilen, besser einen ganzen Artikel laut vorlesen.

Zwei Buchstaben suchen (u und w)

- Zeitung zur Hand nehmen.
- Artikel aussuchen (jeden Tag einen ähnlich großen).
- Zeile für Zeile alle „u"s und „w"s gleichzeitig möglichst schnell heraussuchen und anstreichen.

Am Abend Zeitungstext erinnern

- Alle erinnerten Details aus der Morgenzeitung möglichst genau notieren.
- Übereinstimmung der Notizen mit dem Zeitungstext überprüfen.
- Anzahl der erinnerten Details in die Liste eintragen.

Farb-Worte
Benutzen Sie für die heutige Übung die Farb-Wort-Tafel 14 auf Seite 213.

- Druckfarben der Reihe nach laut aussprechen.
- Benötigte Zeit ablesen und in die Liste eintragen.

Psychomotoriktraining

Luftballonübung

1. Stupsen mit *rechter Handfläche*
2. Stupsen mit *rechter Handfläche* und *Handrücken*
3. Stupsen mit *linker Handfläche*
4. Stupsen mit *linker Handfläche* und *Handrücken*
5. Stupsen mit *rechter* und *linker Handfläche*
6. Fingerwechsel, *rechter* Daumen, dann *linker* Daumen, *rechter* Zeigefinger, dann *linker* Zeigefinger usw.

Fingerspiel

1. *Rechter Daumen* zu a) rechter Zeigefinger, b) rechter Mittelfinger, c) rechter Ringfinger, d) rechter kleiner Finger
2. *Linker Daumen* zu a) linker Zeigefinger, b) linker Mittelfinger, c) linker Ringfinger, d) linker kleinen Finger
3. (1) und (2) gleichzeitig

Sonntag, 14. Tag

gelb	blau	rot	blau	grün	gelb
grün	rot	grün	blau	rot	gelb
rot	blau	gelb	blau	grün	rot
grün	gelb	rot	blau	gelb	grün
blau	rot	gelb	blau	grün	gelb
grün	blau	rot	blau	rot	blau
grün	rot	grün	gelb	blau	grün
blau	blau	rot	gelb	rot	grün
rot	blau	gelb	grün	gelb	blau
gelb	grün	blau	rot	grün	gelb
grün	rot	blau	grün	gelb	grün
gelb	blau	grün	gelb	grün	blau
grün	rot	gelb	blau	gelb	rot
grün	gelb	blau	rot	blau	grün

Abbildung 58: Farb-Wort-Tafel 14

Testen Sie sich selbst!

11 Testen Sie sich selbst!

Im Folgenden haben Sie die Möglichkeit, mit einem wissenschaftlich konstruierten und geprüften Fragebogen Ihre „Alterungssymptome“ zu überprüfen.

Bei der Nürnberger-Selbsteinschätzungs-Liste (kurz: NSL) handelt es sich um einen Selbstbeurteilungstest, anhand dessen Sie eine Aussage über den derzeitigen Stand Ihrer Vitalität und Gehirnleistung im Vergleich zu anderen Personen Ihrer Altersgruppe treffen können.

Zu den genannten Themenbereichen finden Sie in der NSL eine Reihe von Feststellungen, bei denen Sie entscheiden sollen, inwieweit diese auf Sie zutreffen. Zunächst möchten wir Ihnen jedoch eine genaue Anleitung für die Testdurchführung und dessen Auswertung geben:

- Lesen Sie jede Frage genau durch und entscheiden Sie bitte, ob die einzelnen Feststellungen auf Sie zutreffen („*trifft zu*“), teilweise zutreffen („*trifft teilweise zu*“), kaum zutreffen („*trifft kaum zu*“) oder nicht zutreffen („*trifft nicht zu*“).
- Kreuzen Sie dann das entsprechende Kästchen an.
- Entscheiden Sie sich bei jeder Frage für eine Antwort.
- Lassen Sie bitte keine Frage aus.

Testwertermittlung:
Nach Beantwortung aller Fragen addieren Sie bitte die Einzelwerte (1, 2, 3 oder 4 Punkte) für die 20 Feststellungen und ermitteln Sie so die Gesamtpunktzahl.

Die Nürnberger-Selbsteinschätzungs-Liste (NSL)

		4	3	2	1
1.	Mir geht **in letzter Zeit** die Arbeit langsamer von der Hand.	trifft zu	trifft teilweise zu	trifft kaum zu	trifft nicht zu
2.	Ich habe den Kontakt zu Bekannten, Freunden und Verwandten **in letzter Zeit** eingeschränkt.	trifft zu	trifft teilweise zu	trifft kaum zu	trifft nicht zu
3.	Ich mache **in letzter Zeit** weniger Pläne als sonst.	trifft zu	trifft teilweise zu	trifft kaum zu	trifft nicht zu
4.	Ich schiebe unerledigte Arbeiten **in letzter Zeit** länger vor mir her.	trifft zu	trifft teilweise zu	trifft kaum zu	trifft nicht zu
5.	Ich verwechsele **in letzter Zeit** öfters Namen, Telefonnummern oder das Datum.	trifft zu	trifft teilweise zu	trifft kaum zu	trifft nicht zu
6.	Es fällt mir **in letzter Zeit** schwerer, mich mit Problemen auseinanderzusetzen.	trifft zu	trifft teilweise zu	trifft kaum zu	trifft nicht zu
7.	Mir gehen **in letzter Zeit** mehr und mehr Dinge daneben.	trifft zu	trifft teilweise zu	trifft kaum zu	trifft nicht zu
8.	Großer Trubel und Aufregungen ermüden mich **in letzter Zeit** mehr als sonst.	trifft zu	trifft teilweise zu	trifft kaum zu	trifft nicht zu
9.	Die Planung einer Reise oder einer Unternehmung macht mir **in letzter Zeit** zunehmend Schwierigkeiten.	trifft zu	trifft teilweise zu	trifft kaum zu	trifft nicht zu
10.	Es fällt mir **in letzter Zeit** schwerer, mich im Straßenverkehr zurechtzufinden.	trifft zu	trifft teilweise zu	trifft kaum zu	trifft nicht zu

Die Nürnberger-Selbsteinschätzungs-Liste (NSL)

	4	3	2	1
11. Freunde, Bekannte oder Verwandte besuchen mich **in letzter Zeit** seltener.	trifft zu	trifft teilweise zu	trifft kaum zu	trifft nicht zu
12. Ich brauche **in letzter Zeit** mehr Ruhepausen.	trifft zu	trifft teilweise zu	trifft kaum zu	trifft nicht zu
13. Es fällt mir **in letzter Zeit** schwerer, mich auf eine Aufgabe zu konzentrieren.	trifft zu	trifft teilweise zu	trifft kaum zu	trifft nicht zu
14. Ich brauche **in letzter Zeit** etwas mehr Hilfe von anderen als sonst.	trifft zu	trifft teilweise zu	trifft kaum zu	trifft nicht zu
15. Ich vergesse **in letzter Zeit** öfters Geburtstage von nahen Verwandten oder Bekannten.	trifft zu	trifft teilweise zu	trifft kaum zu	trifft nicht zu
16. Ich bin **in letzter Zeit** weniger unternehmungslustig.	trifft zu	trifft teilweise zu	trifft kaum zu	trifft nicht zu
17. **In letzter Zeit** fällt es mir schwerer, den Gedankengängen anderer Menschen zu folgen.	trifft zu	trifft teilweise zu	trifft kaum zu	trifft nicht zu
18. Mein Herz macht mir **in letzter Zeit** zu schaffen.	trifft zu	trifft teilweise zu	trifft kaum zu	trifft nicht zu
19. Ich vergesse **in letzter Zeit** öfters Namen und Zahlen.	trifft zu	trifft teilweise zu	trifft kaum zu	trifft nicht zu
20. Ich verliere **in letzter Zeit** an vielen Dingen mehr und mehr das Interesse.	trifft zu	trifft teilweise zu	trifft kaum zu	trifft nicht zu

Gesamtpunktzahl:	

Haben Sie alle Fragen angekreuzt?
Bitte überprüfen Sie, ob Sie keine Frage ausgelassen haben.

Auswertung

Sie haben weniger als 55 Punkte:
Verglichen mit anderen Personen Ihrer Altersgruppe berichten Sie über wenig altersbedingte Einschränkungen, d.h. Sie fühlen sich relativ gesund und fit. Wir wünschen Ihnen von ganzem Herzen, dass dies möglichst lange so bleiben möge. Das regelmäßige SimA®-Training hilft Ihnen dabei!

Sie haben 55 und mehr Punkte:
Verglichen mit anderen Personen Ihrer Altersgruppe berichten Sie schon über deutliche altersbedingte Beschwerden und Einschränkungen. Da diese eventuell auf bisher noch nicht erkannte Erkrankungen zurückzuführen sind, sollten Sie auf jeden Fall beim nächsten Besuch mit Ihrem Hausarzt darüber sprechen.

Bei mehr als 65 Punkten sollten Sie eine gründliche Beratung und Untersuchung in einer Memory-Klinik oder einer Gedächtnis-Ambulanz („Gedächtnis-Sprechstunden") **keinesfalls länger hinauszögern!** Adressen finden Sie im Internet oder im Telefonbuch z.B. unter „Alzheimer-Gesellschaft" (www.deutsche-alzheimer.de).

Ob nun mehr oder weniger als 55 Punkte: Eine regelmäßige Durchführung des SimA®-basic-Trainings kann Ihnen dabei helfen, den momentanen Status zu halten oder sogar zu verbessern.

SimA®-Gruppentrainingsbücher

12 SimA®-Gruppen-Trainingsbücher

Die SimA®-Trainingshandbücher (z.B. „Gedächtnistraining. Ein Programm für Seniorengruppen“) wurden als Grundlage für ein Gruppentraining konzipiert und bieten eine ausführliche Anleitung für Gruppenleiter(innen).

Das vorliegende Buch hingegen wurde für jene geschrieben, die selbstständig zu Hause ein SimA-Training durchführen wollen. Viele Inhalte sind identisch, jedoch anders dargestellt. Für den täglichen Hausgebrauch besonders geeignete Übungen wurden herausgearbeitet und neue Übungsmaterialien sowie Erklärungen in leicht verständlicher Form angefügt.

Wer als Leser dieses Buches den Wunsch nach weiteren Übungen hat, der findet diese in großer Anzahl in den SimA®-Gruppen-Trainingsbüchern. Diese können über den Buchhandel bezogen werden:

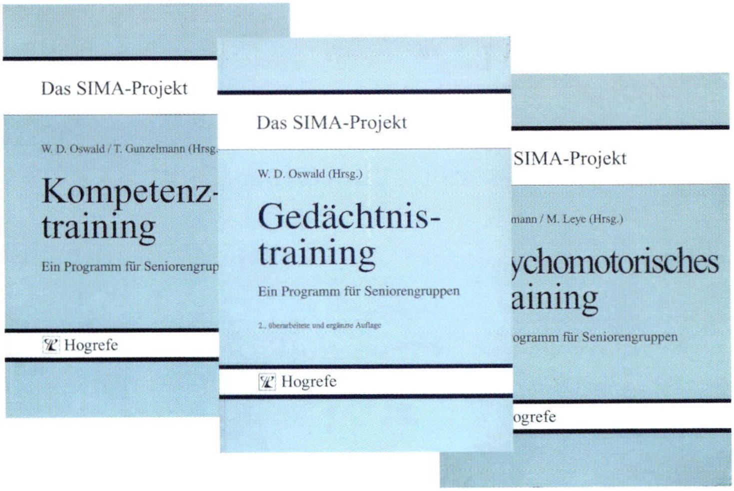

Abbildung 59: SimA®-Gruppen-Trainingsbücher

W. D. Oswald (Hrsg.), Gedächtnistraining. 2. Auflage 1998, Großformat, 599 Seiten, kartoniert, ISBN 3-8017-1109-9, € 59,95

W. D. Oswald & T. Gunzelmann (Hrsg.), Kompetenztraining. 3. Auflage 2001, Großformat, 546 Seiten, kartoniert, ISBN 3-8017-1470-5, € 59,95

H. Baumann & M. Leye (Hrsg.), Psychomotorisches Training. 1995, Großformat, 154 Seiten, kartoniert, ISBN 3-8017-0813-6, € 39,95

Parallel zum vorliegenden Buch gibt es eine SimA®-basic-Übungs-CD-ROM. Hier werden Übungen aus dem SimA®-Gedächtnistraining so aufbereitet, dass sie täglich in veränderter Form aufgerufen und die erbrachten Leistungen mit Hilfe des Computers dokumentiert werden können.

Auch diese CD-ROM ist im Buchhandel erhältlich:

W. D. Oswald & R. Wilhelm, SimA®-basic-PC-Gedächtnistraining und Psychomotorik. Ein individuelles Trainingsprogramm für alle Altersgruppen. 2., überarbeitete Auflage 2010, CD-ROM, ISBN 978-3-8017-2321-7, € 44,95.

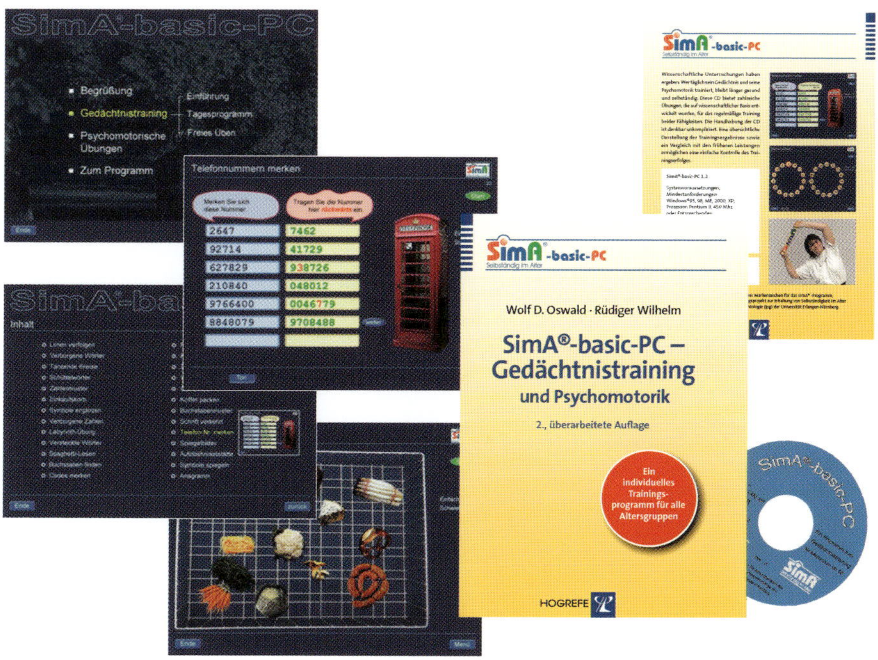

Abbildung 60: SimA®-basic-PC (CD-ROM)

SimA® - Kurse, Kontakte, Adressen

13 SimA®-Kurse, Kontakte, Adressen

13.1 Die SimA®-Gruppenleiter-Ausbildung

Das SimA®-Programm ist das erste wissenschaftlich fundierte Angebot zur Förderung der motorischen und kognitiven Leistungsfähigkeit im Alter. Der zugrundeliegende Ansatz wurde in zwei Studien erstmals an der Universität Erlangen-Nürnberg wissenschaftlich evaluiert (vgl. Kap. 3). Im Rahmen frei zugänglicher Seminare an der SimA-Akademie besteht die Möglichkeit, sich zum/r SimA-Gruppenleiter/in ausbilden und zertifizieren zu lassen.

Die SimA-Gruppenleiter-Ausbildung befähigt zur selbstständigen Leitung und Durchführung von SimA-Trainingsgruppen und besteht aus mehreren Modulen, die einzeln oder in Kombination besucht werden können:

- SimA®-Basic,
- SimA®-Kompetenztraining und
- SimA®-Biographieorientierte Aktivierung.

Des Weiteren können Sie sich in der SimA-Akademie zum bzw. zur SimA-Demenzbegleiter(in) ausbilden lassen oder sich in themenbezogenen Vertiefungsseminaren fortbilden.

Die Ausbildung ist das Richtige für alle, die gerne mit älteren Menschen arbeiten und für diese sinnvolle und wirksame Gruppenstunden anbieten möchten.

13.2 SimA®-online

Alle wichtigen Informationen zum oben beschriebenen SimA®-Ausbildungsprogramm sowie Kontaktadressen finden Sie auf der Homepage der SimA-Akademie:

www.sima-akademie.de

Abbildung 61: SimA®-Akademie-Homepage

Hier ist auch ein Adressenverzeichnis mit Orten in Ihrer Nähe zu finden, in denen ein SimA®-Gruppentraining angeboten wird.

Wer sich über neueste Vorträge sowie Publikationen aus meiner Feder informieren will, sollte auf meine Homepage gehen. Hier finden Sie auch tiefergehende Informationen zu den SimA-Studien.

www.wdoswald.de

Abbildung 62: Homepage von Prof. Dr. W. D. Oswald

Unter hunderten von Seiten werden Sie garantiert fündig.

Quellenverzeichnis

14 Quellenverzeichnis

14.1 Bildnachweis

Alle Abbildungen und Grafiken von Prof. Dr. W. D. Oswald mit folgenden Ausnahmen:

Illustrierende Fotos zu den psychomotorischen Übungen von Dr. Roland Rupprecht außer:
Prof. Dr. W. D. Oswald:
Abb. 34: Taschen-Übung 3, S. 144
Abb. 38: Taschenstab-Übung 4, S. 148
Rüdiger Wilhelm:
Abb. 29: Luftballon-Übung 5, S. 140
Abb. 35: Taschen-Übung 5, S. 145
Abb. 36: Taschenstab-Übung 1, S. 147
Abb. 37: Taschenstab-Übung 3, S. 147

Abb. 1: Portraitaufnahme Prof. W. D. Oswald, S. 15: Barbara Oswald 2013

Abb. 3: „Der Jungbrunnen" von Lucas Cranach d. Ä. (1546), S. 19: © bpk/Gemäldegalerie, SMB/Jörg P. Anders

Abb. 15: „Länger selbstständig!", S. 61: © istockphoto.com/jwblinn
Abb. 20: „Buchkalender", S. 84: © istockphoto.com/DMacLeod

14.2 Tabellenverzeichnis

Ergebnisse der SimA-Studie:
Hagen, B., Oswald, W. D., Gunzelmann, T. & Rupprecht, R. (2002). Bedingungen der Erhaltung und Förderung von Selbstständigkeit im höheren Lebensalter (SIMA) – Teil XIX: Unselbstständigkeitsrisiken aus der Perspektive unterschiedlicher Selbstständigkeitsdefinitionen. Zeitschrift für Gerontopsychologie und -psychiatrie, 15(3), 139-160.

Literaturhinweis (Übersichtsartikel):

Askari & Stoppe (1996). Risikofaktoren der Alzheimer-Demenz. Fortschritte der Neurologie, Psychiatrie. 64 (11), 425-432.

Weitere Quellen siehe auch unter Tab. 4

Ergebnisse der SimA®-Studie:

Rupprecht, R., Oswald, W. D., Hagen, B. & Steinwachs, K. C. (2003). Bedingungen der Erhaltung und Förderung von Selbstständigkeit im höheren Lebensalter (SIMA) - Teil XX: Demenzrisiken. Zeitschrift für Gerontopsychologie und -psychiatrie, 16(1), 9-27.

Literaturhinweise:

Fabrigoule, C., Letenneur, L., Dartigues, J.F., Zarrouk, M., Commenges, D. & Barberger-Gateau, P. (1995). Social and leisure activities and risk of dementia: A prospective longitudinal study. The Journal of the American Geriatric Society, 43, 485-490.

Verghese, J., Lipton, R.B., Katz, M.J., Hall, C.B., Derby, C.A., Kuslansky, G., Ambrose, A.F., Sliwinski, M. & Buschke, H. (2003). Leisure activities and the risk of dementia in the elderly. The New England Journal of Medicine, 348, 2508-2516.

Abbott, R.D., White, L.R., Ross, G.W., Masaki, K.H., Curb, J.D. & Petrovitch, H. (2004). Walking and Dementia in Physically Capable Elderly Men. JAMA, 292(12), 1447-1453.

Literaturhinweis:

Fabrigoule, C., Letenneur, L., Dartigues, J.F., Zarrouk, M., Commenges, D. & Barberger-Gateau, P. (1995). Social and leisure activities and risk of dementia: A prospective longitudinal study. The Journal of the American Geriatric Society, 43, 485-490.

14.3 Weitere Quellen und Erläuterungen

S. 20: *Abbildung 4, Entwicklung der durchschnittlichen Lebenserwartung*
Statistisches Bundesamt (2013). Sterbetafel 2009/2011; www.destatis.de

S. 22: *Lebenserwartung bayerischer Mönche und Nonnen*
Wiesner, G. (2001). Beiträge zur Gesundheitsberichterstattung des Bundes. Der Lebensverlängerungsprozess in Deutschland. Stand - Entwicklung - Folgen. Berlin: Robert Koch-Institut, S. 19.

S. 22: *Abbildung 5, Entwicklung der ferneren Lebenserwartung*
Statistisches Bundesamt (2013). Sterbetafel 2009/2011. www.destatis.de

S. 23: *Rückgang der Bevölkerung um bis zu 25 Millionen*
Statistisches Bundesamt (2013). Schätzwerte der 12. koordinierten Bevölkerungsvorausberechnung (Annahme folgender Modellrechnung: Geburtenhäufigkeit: 1,4 Kinder je Frau, Lebenserwartung: Basisannahme, Wanderungssaldo: 0). www.destatis.de

S. 24: *Abbildung 6, Prävalenzrate der Demenz*
Weyerer, S. & Bickel, H. (2007). Epidemiologie psychischer Erkrankungen im höheren Lebensalter (S. 67-70). Stuttgart: Kohlhammer.

Bickel, H. (1996). Pflegebedürftigkeit im Alter: Ergebnisse einer populationsbezogenen retrospektiven Längsschnittsstudie. Gesundheitswesen 58, Sonderheft 1 (S. 56-62). Stuttgart: Thieme.

S. 25: *Abbildung 7, Anzahl der Jüngeren pro 75-Jährigen oder Älteren*
Statistisches Bundesamt (2013). Statistisches Jahrbuch 2009. 12. koordinierte Bevölkerungsvorausberechnung (Variante 1-W1); www.destatis.de. Die historische Idee zu dieser Darstellung kam von W. Rückert und U. Lehr.

S. 29: *Abbildung 8, Wann ist man sehr alt?*
Statistisches Bundesamt (2009), 12. koordinierten Bevölkerungsvorausberechnung (Variante 1 „mittlere“ Bevölkerung Untergrenze,

Wanderungsannahme W1 - jährlicher Saldo 100.000 Personen); www.destatis.de

S. 33: *Zitat „Use it or lose it“*

Azar, Beth (2002). Use it or lose it? More research suggests that mental activity may stave off the symptoms of Alzheimer´s disease. Monitor on Psychology, 33 (5), 48-50.

Oswald, W. D. (1998). Entwicklung der Intelligenz. In E. Roth (Hrsg.), Intelligenz (S. 79-100). Stuttgart: Kohlhammer.

S. 39: *Trainings-Sitzungen*

Bedingungen der Erhaltung und Förderung von Selbstständigkeit im höheren Lebens-Alter (SIMA) – Teil IV: Ergebnisse nach der einjährigen Interventionsphase. Zeitschrift für Gerontopsychologie & -psychiatrie, 9(2), 107-144.

S. 40ff: *Abbildungen zu Abschnitt 3.2 - Ergebnisse*

Die %-Werte sind „Prozentrangwerte“. Alle Personen stellen 100% dar. Nun denkt man sich alle Teilnehmer der Reihe nach aufgestellt. Der mittlere Fall ist dann bei 100 Personen der 50. oder der mit dem Prozentrang von 50%. Eine Verbesserung um 20%-Rangplätze bedeutet dann: Vorher waren 50% schlechter und 50% besser. Nach dem einjährigen Training waren im Durchschnitt 70% (50% + 20%) schlechter und nur noch 30% besser. Wir sehen: eine eindeutige Verbesserung.

S. 51: *Zitierte Studie der BARMER GEK*: BARMER GEK Pflegereport (2010). Schriftenreihe zur Gesundheitsanalyse, Band 5, S. 125.

S. 53: *Zitatnachweis zur Aussage „Wer sein Gehirn lebenslang fordert, verzögert Demenzeintritt und verkürzt Krankheitsverlauf“:*

Helmchen, H. & Reischies, F. M. (1998). Normales und pathologisches kognitives Altern. Nervenarzt 69(5), 369-378.

S. 63: *Zitat: „Das Gehirn zu trainieren ...“*

Rosenzweig, Mark R. & Bennett, Edward L. (1996). Behavioral Brain Research, 78(1), 63.

S. 64: *Zitat „Alten Menschen bleiben ...“*
Cicero, Marcus Tullius & Merklin, Harald (Übersetzer u. Hrsg.) (1998). Cato maior de senectute: Cato der Ältere über das Alter Lateinisch/Deutsch, Stuttgart: Philipp Reclam jun., S. 41.

S. 67ff: *Gedächtnisfunktionen*
Markowitsch, H. J. (1996). Neuropsychologie des menschlichen Gedächtnisses. Spektrum der Wissenschaft, 42-61.

Markowitsch, H.-J., Matura, S. & Welzer, H. (2004). Die Entstehung des menschlichen Gedächtnisses. Stuttgart: Klett-Cotta.

Frick-Salzmann, A. (2009). Gedächtnissysteme. In H. Schloffer, E. Prang & A. Frick-Salzmann (Hrsg.), Gedächtnistraining. Theoretische und praktische Grundlagen (S. 33-43). Heidelberg: Springer.

S. 82: *Geschichte von Simonides*
Cicero, Marcus Tullius & Merklin, Harald (Übersetzer u. Hrsg.) (1991). De oratore: Über den Redner. Lateinisch/Deutsch, 2. Auflage, Stuttgart: Philipp Reclam jun., S. 431ff.

S. 86: *Buchnachweis „Über das Gedächtnis“*
Hermann Ebbinghaus (1992). Über das Gedächtnis: Untersuchungen zur experimentellen Psychologie. Unveränderte Neuauflage des Textes von 1885. Darmstadt: Wissenschaftliche Buchgesellschaft.

S. 95: *SimA®-Kompetenztraining*
W. D. Oswald & T. Gunzelmann (Hrsg.) (2001). Kompetenztraining. Ein Programm für Senioren, 3. Auflage. Göttingen: Hogrefe.

S. 121ff: *Risikofaktor Bewegungsmangel*
Abbot et al. (2004). The Honolulu-Asia Aging Study. JAMA, 292, 1447-1453.

Lindsay J., Laurin D., Verreault, R. Hérbert R., Helliwell B., Hill, G.B. & McDowell, I. (2002). Risk factors for Alzheimer´s disease: A prospective analysis from the Canadian Study of Health and Aging. American Journal of Epidemiology, 156, 445-453.

Kivipelto, M., Ngandu, T., Laatikainen, T., Winblad, B., Soininen, H. & Tuomilehto, J. (2006). Risk score for the prediction of dementia risk in 20 years among middle aged people: a longitudinal, population-based study. The Lancet Neurology, Volume 5, Issue 9, Pages 735-741.

S. 132: *Die Farb-Worte*
Der Effekt der widerstreitenden Sinneseindrücke, der für die Farb-Wort-Übung genutzt wird, heißt Stroop-Effekt. Dieser wurde 1935 erstmals wissenschaftlich untersucht und ist nach seinem „Entdecker", J. Ridley Stroop benannt. (Stroop, J.R. [1935]. Studies of interference in serial verbal reactions. Journal of Experimental Psychology, 18, 643-662.)
Die Idee, diesen Effekt auch für das Gedächtnistraining zu verwenden, geht auf Prof. Dr. Ulrich Fleischmann zurück. (Fleischmann, U.M. (1983). Das Nürnberger Altenförderprogramm NAFÖ. Nürnberg: Universität Erlangen-Nürnberg.)

S. 217: *Nürnberger Selbsteinschätzungs-Liste (NSL)*
Oswald, W.D., Adler, C., Rupprecht, R., Bayer-Feldmann, C. & Barth, P. (1990). Subjektive Alternssymptome als Indikator für hirnorganische Psychosyndrome – Die Entwicklung der Nürnberger-Selbsteinschätzungs-Liste (NSL). Zeitschrift für Gerontopsychologie und -psychiatrie, 3, 1990, S. 249-264.

14.4 Weiterführende Literatur

W. D. Oswald (Hrsg.), Gedächtnistraining. 2. Auflage 1998, Großformat, 600 Seiten, kartoniert, ISBN 3-8017-1109-9, € 59,95

W. D. Oswald & T. Gunzelmann (Hrsg.), Kompetenztraining. 3. Auflage 2001, Großformat, 546 Seiten, kartoniert, ISBN 3-8017-1470-5, € 59,95

H. Baumann & M. Leye, Psychomotorisches Training. 1995, Großformat, 154 Seiten, kartoniert, ISBN 3-8017-0813-6, € 26,95

W. D. Oswald & R. Wilhelm, SimA®-basic-PC-Gedächtnistraining und Psychomotorik. Ein individuelles Trainingsprogramm für alle Altersgruppen. 2., überarbeitete Auflage 2010, CD-ROM, ISBN 978-3-8017-2321-7, € 39,95

W. D. Oswald & A. Ackermann, Kognitive Aktivierung mit SimA®-P. Selbständig im Alter, 2009, 430 Seiten, ISBN 978-3-211-79903-1, € 49,95

W. D. Oswald & A. Ackermann, Biographieorientierte Aktivierung mit SimA®-P. Selbständig im Alter, 2009, 342 Seiten, ISBN 978-3-211-79901-7, € 49,95

W. D. Oswald & A. Ackermann, Psychomotorische Aktivierung mit SimA®-P. Selbständig im Alter, 2009, 142 Seiten, ISBN 978-3-211-79905-5, € 19,95

W. D. Oswald, G. Gatterer & U. M. Fleischmann (Hrsg.), Gerontopsychologie. 2., vollständig neu bearbeitete Auflage 2008, 266 Seiten, ISBN 978-3-211-75685-0, € 39,95

W. D. Oswald, U. Lehr, C. Sieber & J. Kornhuber (Hrsg.), Gerontologie – Medizinische, psychologische und sozialwissenschaftliche Grundbegriffe. 3., vollständig überarbeitete Aufl. 2006, 488 Seiten, ISBN 978-3-17-018633-0, € 49,80

Wolf D. Oswald
Rüdiger Wilhelm

SimA®-basic-PC – Gedächtnistraining und Psychomotorik, Version 2.0

Ein individuelles Trainingsprogramm für alle Altersgruppen

2., überarb. Aufl. 2010,
CD-ROM, € 44,95 / CHF 59,90
ISBN 978-3-8017-2321-7

Die CD bietet eine große Auswahl verschiedener Übungen, die sich zum regelmäßigen Trainieren eignen, weil sie bei jedem Aufruf in neuer Konstellation erscheinen. Der Fortschritt des Übenden wird vom Programm gemessen und in übersichtlicher Form dargestellt. Die Bedienung ist denkbar einfach. Das Programm ist eine ideale Ergänzung zum Buch, ist jedoch auch ohne das Buch für das regelmäßige Training von Gedächtnis und Psychomotorik hervorragend geeignet.

Hartmut Baumann
Monika Leye (Hrsg.)

Psychomotorisches Training

Ein Programm für Seniorengruppen (Das SIMA-Projekt)

2., unveränderte Auflage 2001,
XII/154 Seiten, Großformat,
€ 39,95 / CHF 53,90
ISBN 978-3-8017-0813-6

Gerade für den älteren Menschen ist gezielte körperliche Aktivierung überaus wichtig. Sie trägt zur Erhaltung der Selbstständigkeit in den alltäglichen notwendigen Handlungen bei und ist somit ein wichtiger Beitrag zur Lebensqualität im Alter. Hier setzt das Psychomotorische Training an. Es umfasst 20 Übungseinheiten, die jeweils detaillierte Anweisungen für den Gruppenleiter, das Trainingsprogramm sowie Informationen über benötigte Sportgeräte und Übungsziele beinhalten.

Wolf D. Oswald
Thomas Gunzelmann (Hrsg.)

Kompetenztraining

Ein Programm für Seniorengruppen (Das SIMA-Projekt)

3., ergänzte Auflage 2001,
X/546 Seiten, Großformat,
€ 59,95 / CHF 79,–
ISBN 978-3-8017-1470-5

Mit zunehmendem Lebensalter können Altersprozesse in körperlichen oder in psychischen Funktionen dazu führen, dass alltägliche Anforderungen schwieriger zu bewältigen sind als bei jüngeren Menschen. Darüber hinaus können verstärkt neue Anforderungssituationen auftreten (z.B. Tod des Ehepartners). Hier setzt das vorliegende Trainingsmaterial an. Das Kompetenztraining ist für Gruppen mit 15-20 Teilnehmer konzipiert. Es umfasst 20 Trainingseinheiten, die jeweils Hintergrundinformationen für den Gruppenleiter, das Trainingsprogramm, Informationen für Teilnehmer sowie Arbeitsmaterialien für zu Hause beinhalten.

Wolf D. Oswald (Hrsg.)

Gedächtnistraining

Ein Programm für Seniorengruppen (Das SIMA-Projekt)

2., überarbeitete und ergänzte Auflage 1998,
599 Seiten, Großformat,
€ 59,95 / CHF 79,–
ISBN 978-3-8017-1109-9

Nachlassende Gedächtnisleistungen gehören im Alter zu den Bereichen, die für die alltägliche Lebensbewältigung von großer Bedeutung sind. Hier liegt der Ansatzpunkt des Gedächtnistrainings, welches jetzt in einer überarbeiteten und ergänzten Auflage erscheint. Es ist für Gruppen mit 15-20 Teilnehmern konzipiert und umfasst 20 Trainingseinheiten.
Jede Trainingseinheit beinhaltet: Hintergrundinformationen für den Gruppenleiter, das Trainingsprogramm, Informationen für die Teilnehmer und Arbeitsmaterialien für zu Hause.

HOGREFE

Hogrefe Verlag GmbH & Co. KG
Merkelstraße 3 · 37085 Göttingen · Tel.: (0551) 99950-0 · Fax: -111
E-Mail: verlag@hogrefe.de · Internet: www.hogrefe.de